제가 지켜 본 송강호 박사님은 신앙적 신념과 삶이 일치하는 분이었습니다.
문정현 길 위의 신부

루쉰이 말한 것처럼, 희망이 있기 때문에 걸어가는 것이 아니라 걸어가기 때문에 희망은 사라지지 않는 것입니다. 요즘처럼 길이 보이지 않아 절박할 때, 하나님과 사람의 마음이 하염없이 무너져 내릴 때, 그 아득한 슬픔 너머 희망을 걷는 한 사람이 있습니다. 그의 이름은 '구럼비의 든든한 벗 송강호'입니다.
공지영 작가, 「의자 놀이」 저자

기도의 사람, 전사, 꿈꾸는 사람, 평화의 촉수, 신앙의 최전선, 양심의 소환장, 파수꾼, 그루터기. 책을 다 읽은 후 내 마음에 각인된 송강호의 이미지다. 끝없이 패배하는 것을 자신의 운명으로 받아들인 사람, 그러면서도 신의 승리를 내다보며 기뻐하는 사람, 고난으로 단련되지 않은 신앙의 위험을 경고하는 야인, 그곳이 어디건 평화가 무너진 현장을 돌아갈 고향이라 여기는 유랑민. 하나님은 지금 그를 통해 한국교회를 치료하려 하신다.
김기석 청파교회 담임목사

지난여름, 강정마을에 다녀왔습니다. 부서지는 구럼비, 그리고 선한 사람들의 삶. 왜 그래야만 하는지 도대체 이해할 수 없었습니다. 희망을 기대하기 어려운 현실, 그러나 그 지난한 현실 속에서도 평화의 길을 여는 사내가 있었습니다. 바로 송강호 박사님이었지요. 그는 평화의 사람이었고 희망의 증거였습니다. 이 책을 통해 우리의 희망이 평화를 향해 다시금 힘을 얻어 달려가기를 소망합니다.
김미화 방송인, CBS "김미화의 여러분" 진행자

바람이 분다. 처음에는 미풍인 줄 알았다. 손으로 가리면 곧 수그러드는 줄로 늘 생각했다. 그러나 그것은 어느새 제주도 강정마을의 뜨거운 역사가 되고 있다. 하늘의 숨결이 인간의 육신에 스며들면 그 무엇도 두렵지 않게 된다. 아니나 다를까, 도대체 지치는 기색도 없다. 송강호, 그가 딛고 서 있는 자리마다 이내 평화의 진지가 되고, 그가 발걸음을 옮기는 곳에서 꽃들이 피어난다. 시리도록 푸른 바다물결이 힘차게 달려오다가 부서지듯 멈추던 구럼비 바위 터에 눈물이 흐르고, 그는 장엄한 깃발을 펄럭이며 그 위에 우뚝 선다. 그가 있어 우리는 절망하지 않는다.

김민웅 성공회대 교수

그와 악수를 하면서 생각했다. 다시 이 손을 잡기까진 긴 기다림이 가로 놓여 있으리라고. 다른 이의 자유를 위해 싸우는 이는 자신의 자유를 생각하지 않으니까. 결국 그는 감옥에서 외친다. 변함없이 우리를 일깨운다. 자신의 자유마저 훌훌 벗어버린 사람의 자유는 얼마나 크고 아름다운가. 그 자유의 대장정이 이 책에 담겨 있다.

변상욱 CBS 대기자, 콘텐츠본부장

평화, 그 아득한 희망을 건다

IVP(InterVarsity Press)는
캠퍼스와 세상 속의 하나님 나라 운동을 지향하는
IVF(InterVarsity Christian Fellowship)의 출판부로서
생각하는 그리스도인을 위한 문서 운동을 실천합니다.

평화, 그 아득한 희망을 건다

르완다에서 강정까지 송강호의 평화 이야기

송강호

이 책은 평화를 위해 자기 몸을 거친 강정 앞바다에 던지고 철창에 갇힌 송강호가 온몸으로 써내려 간 기록이다. 특히 1, 2부는 구속 직전 심층 인터뷰(2012년 3월 12-14일)와 제주교도소 면회를 중심으로 구성하였다.

나를 강정마을로 부른 평화의 전사들
김종환, 양윤모, 최성희 님에게
존경과 사랑의 마음을 담아 이 책을 헌정합니다.

차례

감사의 글 10

프롤로그_평화가 있어야 할 자리

1. 우리들의 남루한 영웅, 송강호 15
2. 평화의 섬 제주, 그리고 강정마을 21

1부 개척자들 이야기

3. 회심, 평화를 향한 항해의 시작 29
4. 하이델베르크에서 르완다로 39
5. 눈 덮인 산을 넘는 젊은이들 50
6. 평화학교를 열다 56

2부 다시 강정에서

7. 구럼비, 살아 있는 거룩한 바위 69
8. 하나님의 부르심 78
9. 해군기지와 평화의 섬 85
10. 그는 지금, 다만 있어야 할 곳에 있을 뿐이다 91

3부 제주교도소에서

11. 우리가 절망하는 곳에서 하나님의 희망은 시작된다 101
12. 옥중서신과 일기 133
13. 송강호란 사람 181

에필로그_ 평화를 향한 항해 193
부록_ 제주도와 강정마을, 2002-2012. 9. 201

감사의 글

이 책은 어느 날 느닷없이 강정마을에 들이닥친 김성한 간사의 예상치 못한 방문에서부터 시작되었다. 그와 그의 동료들은 다짜고짜 카메라를 들이대고 인터뷰를 시작했다. 이 책은 자전거와 음악을 사랑하는 김성한 간사의 어린아이 같은 우정의 산물이다. 책의 출간은 처음의 의욕과는 달리 표류하는 듯했으나, 이후 IVP 김진형 간사가 책의 구성과 편집을 맡아 출판이 가능했다. 김진형 간사는 구속 직전 봄에 있었던 인터뷰, 내가 월간 "개척자들"에 기고한 글과 옥중 일기, 서신 등을 꼼꼼히 읽고 깔끔하게 구성해 주었다. 나의 과격한 행동에 실망과 적의를 품었을 듯했던 유가일 자매가 프롤로그 1장을 써 주어서 사뭇 놀랐다. 날더러 남루하긴 하지만 영웅이라니, 생전 처음 듣는 소리에 어리둥절하다. 평화학교를 위해 분주할 텐데 나를 위해 글을 써 주어 고맙다. 내가 이곳저곳에 쓴 글들을 모두 모아 보존하고 분류하여 기초 자료를 만든 한 정애 자매에게도 감사를 드린다. 사진 자료를 기꺼이 제공해 준 '진달래 산천' 조성봉 감독님과 구럼비의 혼을 담은 사진을 제공해 준 정우철 감독님, 이지훈 작가님께도 감사한다. 많은 그리스도인들과 교회들이 등한시하는 평화를 주제로 한 책을 출간하도록 결정해 준 IVP에 진심으로 감사의 뜻을 전한다.

이 이야기들이 구성된 '삶의 자리'는 제주도 남단의 바닷가 강정마을이다. 나는 이곳에서 평화를 위해 6년 동안 힘겨운 투쟁을 해 온 마을 주민들에게 감동하였고 또 삶의 진실을 배우고 있다. 이 폭력과 전쟁의 시대에 진정한 영웅은 바로 그들이다.

강정에는 평화를 지키기 위해 많은 이들이 살아 움직이고 있다. 그중에는 우리의 신앙과 삶에 있어서 아버지와 같은 문정현 신부님, 배종렬 선생님, 권술용 단장님이 계신다. 온갖 고난 속에서도 평생 변함없이 앞서 평화의 길을 걸어오셨던 이분들이야말로 후배들의 이정표가 된다. 머리 숙여 감사드린다. 또한 구럼비를 지키는 '정의로운 깡패' 양윤모 형님과 '평화에 미친 여인' 최성희 씨의 진실한 헌신이 내 강정 이야기의 밑거름이 되었다. 훌륭한 지도력으로 이 투쟁을 이끄는 강동균 마을회장과 고권일 위원장에게도 감사드린다.

강정에서 만난 발랄하고 창조적인 'SOS'(Save Our Sea) 형제 자매들에게 애틋한 감사의 마음을 전한다. 내 평화를 향한 항해의 꿈과 영감은 이 낭만적인 평화 활동가들을 만나면서 더 깊어졌다. 내가 평화를 위해 살아가도록 만든 주역들은 '개척자들' 공동체의 식구들이었다. 그들이 진정 이 이야기의 주인공들이며 저자들이다.

마지막으로 어릴 때부터 내 곁에서 평화 공동체를 함께 꿈꾸고, 이를 일구는 아픔과 기쁨을 함께한 아내 정래에게 감사를 전하고 싶다. 평화를 향한 나의 삶은 그녀의 사랑과 지지 때문에 가능했다. 나의 사랑하는 자녀들, 한별과 샘은 아빠의 평화 이야기가 출간된다는 소식에 기뻐할 것이다. 가난한 아빠의 평화운동을 응원해 주고, 감옥에 갇힌 아빠를 자랑스러워하는 우리 아이들에게 고마운 마음을 전한다.

2012년 9월 12일
비무장 평화의 섬 제주교도소에서
송강호

프롤로그

평화가 있어야 할 자리

1. 우리들의 남루한 영웅, 송강호
2. 평화의 섬 제주, 그리고 강정마을

"그 투쟁의 땅 삼덕 삼거리에 마을 사람들이 내건 깃발에는,
송강호란 사람의 초상이 그려져 있다."

1. 우리들의 남루한 영웅, 송강호
_ 유가일(평화 활동가)

나는 송강호가 불편하다. 그러니 이런 글을 쓰는 내 마음이 편할 리 없다. 그를 처음 만난 것은 2003년 여름이었다. 당시 다니던 교회에서는 월요일마다 국제평화운동단체 '개척자들'의 세계를 위한 기도 모임이 열렸다. 간혹 게시판에는 동티모르에서 열리는 평화캠프 참가자 모집 포스터도 붙어 있었지만, 이슬람권 선교사 지망생이었던 나는 전혀 관심이 없었다. 그러다 갑작스럽게 이라크 전쟁 직전 이라크에 들어갔다가 한국에 잠깐 돌아와 현지 봉사팀을 꾸릴 때 그를 만난 것이 고작이었다. 그 후 바그다드로 들어가던 중, 강도에게 돈과 카메라를 몽땅 빼앗긴 '개척자들'을 만나고는 '참 대책 없는 팀'이라고 생각했다. 정말 무모해 보였기 때문이다. 그 후 여러 해 동안 나는 '개척자들'과 송강호란 사람을 거의 잊고 살았다.

강정에서 다시 만난 그

2011년 7월, 3년 반의 외국 생활을 마치고 한국에 들어와 처음 접한 소식은 송강호의 구속이었다. 놀란 가슴에 급히 강정으로 달려갔으나 이미 면회가 꽉 차 있어서 그를 만날 수 없었다. 그런데 다음 날 강정천변 촛불문화제 때 '짜잔' 하고 나타난 그는 내가 기억하는 부드럽고 조용한 송강호가 아니었다. 한 명의 '투사'로 변신해 감옥에서 돌아온 그는 많이 낯설고 놀라웠다.

광복절 다음 날은 강정에 공권력 투입이 예고된 날이자 '개척자들'의 제주 평화캠프가 시작되던 날이었다. 조현오 경찰청장은 서귀포경찰서를 전격 방문하였고, 곧이어 강정마을 일대에 대규모 경찰 병력이 배치되었다. '육지' 경찰들은 마을 주민에겐 공포의 대상이었다. 하지만 공권력 투입은 또 한 번의 기적처럼 '당분간' 유보되었고, 다음 날 나는 송강호의 '신나는 공무 집행 방해의 이론과 실제' 강의를 듣다가 얼굴이 새파랗게 질려 중간에 나와 버렸다. '너무 과격하잖아! 왜 공무 집행을 방해해? 연행과 구속까지 감수하면서' 하는 반발심 때문이었다. 평화캠프에서 빠져나온 나는 한동안 구럼비 주변을 방황했다.

구럼비를 잃고 '새로운 투쟁'을 시작하다

그달 말, 강정 곳곳엔 '대한민국'이 신청한 '공사 방해 금지 가처분 고시문'이 세워졌다. 그 고시문에는 강정마을회를 비롯한 평화 단체와 주민, 개인 활동가들의 이름이 명시되어 있었고, 이들이 다시 공사 현장에 들어가 공사를 방해할 경우 1회당 '200만 원의 벌금'을 물게 될 것이라 적혀 있었다. 그리고 사흘 뒤인 9월 2일 새벽 1,000여 명의 무장경찰에 의해 구럼비 바위로 가는 마지막 길이 막혔다. 폭력이 난무했고 여기저기서 비명이 터져 나왔다. 그리고 35명이 연행된 끝에, 우리는 구럼비를 빼앗겼다.

그때부터 송강호의 진가는 빛을 발하기 시작했다. 육로가 막히자마자 해상팀을 모집하기 시작한 것이다. 평화캠프에 참가하여 일본 오키나와에서 온 활동가들로부터 미군기지에 대항하는 카약 해상 투쟁 얘기를 들었을 때만 해도 '에이, 저런 걸 실제로 하게 되겠어?' 했다. 그런데 별명이 '물귀신'인 그의 곁으로 오징어, 참치, 꽁치, 돌고래 등 얼핏 '해물탕 재료' 같기도 한 몇몇이 모였고, 그들은 해상 준설 공사를 하는 바지선과 구럼비 발파를 막기 위한 실제적인 계획을 세우고 훈련하기 시작했다. 해군기지 공사장 정문에선 하루가 멀다 하고 사람들이 연행되던 때였다.

구럼비, 그의 기도 자리

그 여름, 평화캠프를 빠져나온 이유를 묻는 송강호에게 이렇게 변명했다. "난 여기 싸우거나 외치러 온 게 아니라 기도하러 왔단 말이에요." 그러나 기도는커녕, 시시때때로 울리는 사이렌 소리가 불러일으키는 공포감에 눌려 숨조차 쉬지 못할 때가 많았다. 그런데 정작 기도하는 사람은 송강호였다. 그는 새벽마다 자신의 기도 자리인 구럼비 바위에 올랐다. 구럼비로 헤엄쳐 가다가 해군에게 폭행당하고 연행되어 조사받고 풀려나는 게 한동안 그의 '일상'이었다.

작년 10월에 시작된 '강정 평화학교'에서 그는 다음과 같이 말했다. "기초-심화 과정을 만들고, 이를 수료하면 즉시 현장에서 평화 활동가로 활동할 수 있게 한다는 목표 의식을 명확히 해야 합니다." 잠깐 평화 운동에 참여해 봤을 뿐, 평화학을 공부해 본 적도, 평화 활동가로 훈련받아 본 적도 없는 나로서는 참 버거우리만치 뼈아픈 조언이었다.

비록 나는 현장 활동에 거의 참여하지 못했지만, 평화학교 학생들이 '최전방'을 경험하는 건 필요하다고 생각해서 기상 상황이 허락하면 해상팀 훈련과 활동에 참여하기도 했다. 처음으로 '연행되지 않고' 구럼비에서 야외 수업하던 날의 환희를 잊을 수 없고, 구럼비에 철조망을 치기 직전 학생들과 함께 공사 현황 감시 활동을 한 것도 기억에 남는다. 셀 수 없이 연행된 그를 면회하러 간 평화학교 학생들에게 "생명, 평화, 정의와 하나님 나라"에 대해 5분 강의를 할 때, 제주 동부경찰서 유치장 면회실을 가득 채운 뜨거운 눈물도 마음에 남아 있다.

그러나 훨씬 많은 경우, 나는 송강호를 보면 경외감과 함께 자괴감이 들었다. 1월 26일 강정포구 쪽에 해상 준설 공사를 위한 바지선이 떴을 때, 송강호는 물에 들어가자마자 한 일도 없이 연행된 적이 있었다. 또 3월 어느 날에는 구럼비를 발파하려고 1.5톤이나 되는 폭약이 투입되었는데, 그날도 해상팀은 말 그대로 '게릴라식 해상 작전'을 펼치면서 구럼비로 진입해 발파를 막으려 했다. 그러나 열두 명 정도의 해상팀이 해경과 곳곳에서 씨름하는 사이, 발파는 이미 다 끝나 버렸다. 그 난리통에도 송강호와 몇 명이 구럼비에 진입한 것을 보면서 '아, 그는 터미네이터

급이구나. 이건 내가 할 수 있는 게 아니야' 하는 자괴감이 찾아들었다.

우리들의 남루한 영웅

오늘도 중덕 삼거리 높다란 망루와 마을회관에는 '해군기지 결사 반대' 깃발을 든 그의 걸개 그림이 걸려 있다. 그러나 아무도 그것을 '영웅화'로 문제삼지 않는다. 그가 영웅이라면, 참으로 남루하고 비참하기 그지 없는 영웅이며, 매일같이 얻어터지면서도 피 흘리기까지 싸우는 영웅이고, 그래서 실상 '아무도 쉽게 따라할 수도 없고, 따라하고 싶지도 않을' 불편한 영웅이기 때문이다. 십자가가 아무리 번쩍인다 하더라도 그 지극한 실체는 '처형대'인 것처럼, 그는 추앙하기보다 외면하기가 더 쉬운 상징으로 중덕 삼거리에 걸려 있다.

고난주간이 시작되는 종려 주일, 그가 다시 구럼비에서 실제로 '피를 흘리며' 폭력적으로 연행된 날, 나는 강정에서 경찰에 의해 다친 활동가들 사진을 모았다. 망치에 맞아 피멍 든 손과, 카메라에 맞아 찢어진 이마, 그리고 '죽은 듯 누워 피 흘리는' 그의 사진 옆에, 가시관에 찢겨 피 흘리는 예수님의 사진을 배치했다. 그리고 이런 기도문을 달았다.

"주님의 고난, 저희 몸에 채우소서. 눈물이 주야로 나의 음식이 되었나이다."

위태위태한 길을 뚜벅뚜벅 걷는 그

그의 글과 말은 꼭 그처럼 군더더기가 없다. 이미 자신의 사상과 신념 체계를 완성한 사람의 선언문에 가깝다. 그는 자신이 믿는 바를 위해 죽을 준비가 되어 있고, 한 치의 흔들림도 없이 나아간다. 그는 언젠가 이런 '분쟁 현장'에서 생을 마감할 것이다(무시무시하지만 그것이, 다른 누구보다 그 자신이 기대하는 바다). 실제로 강정에서 그는 '이러다 죽겠구나' 하는 순간을 몇 번이나 만났다. 이미 죽을 준비가 끝난 사람에게는 갈등의 낌새가 읽히지 않는다. 그래서 늘 비틀거리며 저만큼 뒤에서 주저하며 걷는 나 같은 인간은 가끔 미칠 지경이 된다.

굳이 말하자면, 그는 '기독교 사회 참여의 극단적 예'일 것이다. 같은 예수쟁이들 안에서도 이해는커녕 비난받을 수 있는 위태위태한 길을 그는 뚜벅뚜벅 걷고 있다. 극한의 고통 한복판에서 '하나님의 붙드시는 손'에 이끌려 '세상이 줄 수 없는 비밀스런 주님의 평안'을 경험하면서. 그의 용기와 초인적 인내, 정의를 위한 희생과 고난은 많은 사람에게 예수님을 떠올리게 한다. 그의 이야기를 다 읽을 즈음 당신도 나와 같은 고민에 빠질지 모른다. 복음서를 읽고 예수님의 진짜 모습을 목격하고 나면 그분을 경배하든지 미치광이 취급하든지 결단해야 하는 것처럼, 단언컨대 이 책을 다 읽고 나면 그의 '패거리'가 되어 그와 함께 걸을지, 모른 척 가던 길을 계속 갈지 결정해야 할 것이다. 그냥 그를 '좋아하고 존경하는' 정도로 그칠 수만은 없는 불편함과 갈등 또한 당신을 찾아올 것이다.

두려운가? 그렇다면 당신은 그의 이야기를 들을 준비가 되었다.

2. 평화의 섬 제주, 그리고 강정마을

한라산에서 잉태되어 해안의 용암 바위로 둘러 앉혀진, 서귀포 외진 마을 강정엔 언제부턴가 어슬어슬한 슬픔이 깃들고 있다. 이런 슬픔이 강정에겐, 제주에겐 낯선 것이 아니다.

제주도가 '평화의 섬'이란 이름을 얻은 것은 그리 오래되지 않았다. 2005년 1월, 노무현 정부는 제주국제자유도시특별법 제12조에 근거하여 제주도를 "세계 평화의 섬"으로 지정하였다. 정부가 운영 중인 "제주, 세계 평화의 섬" 홈페이지(http://www.peace.jeju.kr)에선 평화를 다음과 같이 설명한다.

> 평화를 보는 시각은 두 가지가 있는데, 하나는 소극적 관점에서 보는 것이고, 다른 하나는 적극적 관점에서 보는 것이다. 소극적 입장에서 평화란 전쟁이 없는 상태를 말한다. 전쟁이 없는 상태가 바로 평화라는 소극

적 생각만으로는 진정한 평화는 기대할 수 없다는 생각에서 평화에 적극적 의미를 부여하자는 주장이 있다. 적극적 평화는 전쟁이 없는 상태에 만족하지 않고 인간의 기본적 욕구가 충족되고 정의가 존재하는 상태를 말한다.

세계 평화의 섬은 "모든 위협 요소로부터 자유로운 상태인 적극적 의미의 평화를 실천해 나가는 일련의 사고 체계와 정책 등을 포괄하는 문화적, 사회적, 정치적 활동 체계"를 말한다고 할 수 있다. 적극적 평화 상태를 실현하기 위한 사회 구성원 간의 지적, 인적, 물적 네트워크가 형성되어 평화를 창출하고 확산하고 건설하는 제 과정을 말한다.

그리고 '세계 평화의 섬' 지정 배경은 다음과 같다.

제주는 예로부터 평화의 전통을 간직하고 있다. '도둑, 대문, 거지' 없는 삼무(三無) 정신은 바로 평화를 의미한다. 특히, 현대사 최대 비극인 4.3 항쟁의 아픔을 겪는 등 한(恨)의 역사를 가지고 있었으며 이를 극복한 제주인들의 가슴에는 항상 평화가 자리하고 있다.

'평화의 섬'이라는 이름엔 평화를 염원하는 절절한 희망이 반영되어 있다. 제주 4.3 항쟁*의 비극이 가져다준 상처를 씻어내고, 전쟁을 반대하며, 정의가 구현되는 평화 공동체를 만들겠다는 의지와 약속이 담겨 있는 것이다.

제주공항에서 600번 버스를 타고 한 시간 남짓 달리면 강정에 다다른다. 강정은 예로부터 평화롭고 살기 좋은 마을 공동체였다. 제주민들은 '일강정', '이번내'(화순), '삼도원'(대정읍 신도)이라 하여, 강정마을을 가장 살기 좋다는 뜻에서 '일강정'으로 불렀다고 한다. 귤나무가 자라는 예쁜 마당을 가진 집들을 지나 강정포구 쪽으로 십여 분 걸어 닿는 해안엔 구럼비라 불리는 너럭바위가 펼쳐진다. 구럼비 바위는 제주도 어디에나 있는 흔하디 흔한 여느 바위와는 전혀 다르다. 구럼비 바위는 너비가 1.2킬로미터에 이르는 거대한 통바위로, 깊은 바위 밑에서 용천수가 솟아나 지친 이들의 샘물이 되고 해수와 만나 천연 풀장과도 같은 멋진 물웅덩이를 만들어 낸다. 구릿빛 얼굴의 해녀들은 이 천혜의 물웅덩이에서 하루치 고된 노동에 지친 몸을 씻어낸다. 이 물웅덩이는 민물 습지여서, 멸종 위기 보호 대상 야생 동식물들인 붉은발말똥게, 맹꽁이, 제

• 1947년 3월 1일, 제주에서 미군정 체제와 관리들의 행태에 불만을 품고 시위하던 주민에게 경찰이 발포한 사건을 계기로 시민들의 항거가 시작되었다. 군정 당국이 이에 대응하는 과정에서 구금, 고문을 자행했고, 그로 인해 1948년 4월 3일부터 무장봉기가 시작되었다. 같은 해 출범한 이승만 정부는 제주도에 계엄령을 선포하고 무장대를 강경 진압하였고, 이 과정에서 많은 무고한 주민들이 희생되었다. 이 사태는 1954년 9월 21일까지 지속되었고, 희생자는 25,000-30,000명, 전사자는 군인 180명 내외, 경찰 140명으로 추정된다. 2000년 국무총리를 위원장으로 하는 '제주 4·3 사건 진상 규명 및 희생자 명예회복위원회'가 발족되었고, 2003년 10월 31일 당시 노무현 대통령은 진상조사위원회의 의견에 따라 남로당 제주도당 무장대와 토벌대의 무력 충돌과 진압 과정에서 국가 권력에 의한 대규모 희생이 이루어졌음을 인정하고 유족과 제주도민에게 공식 사과문을 발표하였다.

주새뱅이 등 뭇 생명들을 품고 있는 생명의 바위이기도 하다. 강정천을 따라 한라산 쪽으로 조금만 올라가면, 절벽으로 둘러싸인 사시사철 청록빛을 품고 있는 연못 '냇길이소'가 사람의 마음을 빼앗는다. 폭포, 암벽, 은어, 깨끗한 물 등 네 가지가 길상이라 하여 붙여진 이름이다. 아이들과 은어가 함께 헤엄치고 원앙과 흰뺨검둥오리가 쉬이 찾아온다. 또한 강정 바닷가에서 운만 맞으면, 맞은편 범섬 앞에서 춤추는 돌고래를 볼 수도 있다.

그런데 평화롭던 제주, 그리고 예사롭지 않던 고즈넉함을 간직한 강정마을에 다시금 비극이 시작되고 있다. 2005년 1월, 제주도를 '평화의 섬'으로 지정했던 노무현 정부는 아이러니하게도 강정에 해군기지를 건설하기로 결정한다. 2007년 4월, 당시 마을회장은 불과 87명의 주민 동의를 박수로 얻었다며 해군기지 유치를 추인했다. 분노한 주민들은, 곧 마을회장을 해임하고 새로운 마을회장을 선출하여, 같은 해 8월 해군기지 유치 찬반을 묻는 주민투표를 실시했다. 전체 주민 1,900여 명 중 18살 이상 성인은 1,400여 명인데, 육지로 떠난 사람을 빼면 1,050명 정도가 된다. 그중 725명이 투표에 참여해 680명, 즉 94퍼센트가 해군기지 건설 반대를 결의했다. 그러나 허사였다. 해군은 아랑곳하지 않고 공사를 강행했고, 이후 강정은 격동의 땅이 되었다. 2010년 12월, 제주 해군기지 건설 예산을 포함한 2011년도 새해 예산이 국회에서 날치기로 통과되었다. 2011년 2월, 드디어 해군기지 건설은 강행되었고, 그에 맞선 강정 주민과 평화 활동가들의 지난한 투쟁은 절정을 향해 치달았다.

그 투쟁의 땅 삼덕 삼거리에 마을 사람들이 내건 깃발에는 송강호란 사람의 초상이 그려져 있다. 전쟁을 반대하고, 목숨을 걸어서라도 정의를 사수하고 평화를 희망하며, 해군기지 찬성과 반대로 갈갈이 찢기고 나뉜 강정 공동체를 누구보다도 아파하는, 그리하여 강정 주민들의 마음을 얻은 벗, 송강호가 있다.

2012년 4월 1일, 구럼비 폭파 현장에 접근하고자 철조망을 넘다가 송강호는 경찰에 체포되었다. 연행 과정에서 온갖 야만스런 폭행을 당해 앞니가 부서졌고 어금니 하나가 깨졌다. 왼쪽 턱 아래는 바늘로 꿰매야 했다. 그리고 제주도의 슬픈 상처로 각인된 4월 3일, 그는 운명처럼 구속되었다.

그는 어떻게 강정까지 오게 되었을까? 그와 강정 사이엔 무슨 사연이 있었던 걸까? 연유를 묻자 그는 문득, 회심 이야기부터 꺼낸다.

1부 개척자들 이야기

3. 회심, 평화를 향한 항해의 시작
4. 하이델베르크에서 르완다로
5. 눈 덮인 산을 넘는 젊은이들
6. 평화학교를 열다

"진리는 오랜 숙고와 성찰을 통해 이룰 수 있지만, 진리에 대한 신실함은 가장 단순하고도 간결한 실천으로 담보된다."

3. 회심, 평화를 향한 항해의 시작

진리는 언제나 복잡한 현실을 품고
가장 단순한 얼굴로 걸어가는 것이니

_박노해("결단 앞에서" 중에서)

송강호는 열일곱 살 때부터 친구 따라 교회에 갔다. 고향 동두천에 계신 부모를 떠나 서울에서 고등학교를 다니던 때라 외롭기도 했고, 친구가 다니는 교회가 좋아 보이기도 했다. 하지만 외할머니는 굿하는 것을 좋아하셨고, 아버지는 신앙에 대한 혐오감이 있었던 분이었기에, 교회에 다닌다는 것은 큰 모험을 각오해야 하는 일이었다. 어렵게 교회에 다니던 그는 차츰 교회의 가르침에 대해 진지한 고민에 빠졌다. 성경에서 말하는 예수님의 '부활 사건'을 직시하면서, 그것을 진리로 받아들일 것인지 고심하기 시작했다. 이성적으로는 도저히 수용할 수 없었지만, 자신을 압도해 오는 예수의 부활을 인정하고 받아들일 것인지, 아니면 거부할 것인지를 결정해야만 했다. 마침내 그는 교회를 다니는 사람에서 신앙하는 사람이 되기로 결심하였다.

"교회에 나가면서 걸림돌이 나타났어요. '부활 사건'은, 그것을 인정하고 그리스도인이 될 것인가 아니면 그것을 부인하고 기독교를 통째로 부정할 것인가를 판가름하는 중요한 시금석이지요. 그분의 부활 사건을 믿고 나도 그렇게 부활할 것이라고 믿을 것인가, 아니면 '아, 이건 거짓말이야. 기독교는 우스꽝스러운 사기야!' 하고 거부할 것인가를 두고 고민하게 된 거죠. 저로서는 기독교라는 그 거대한 현실을 무시한다는 것이 참 어려운 일이었어요. 게다가 그 밑바탕에 있는 부활을 인정한다는 것은 그것 이상으로 어려웠고요. 그래서 그 문턱에서 계속 맴돌다가 어느 순간, '기독교는 고민해도 알 수 없고, 내가 증명할 수도 없고, 나의 생각으로 판단할 수도 없는, 믿을 것인가 말 것인가를 결심해야 할 문제다. 하지만 도저히 수용할 수 없는 그것을 믿고 싶다'는 마음이 생긴 거예요. 저는 그 마음이 하나님이 주신 은혜였다고 생각해요."

보통의 그리스도인들은 그렇지 않다. '부활 사건'은 대개의 그리스도인들에게 분명 믿음의 시금석이지만, 그것에 모든 것을 거는 이들은 드물다. 그리스도의 부활을 철석같이 믿는다고는 하지만 정작 거기에 모든 것을 걸지는 않는다. 그러나 그에게 회심은, 곧 예수 그리스도를 주님으로 모신다는 것은, 자신의 모든 것을 내어드리는 헌신된 제자의 삶을 산다는 것을 의미했다. 제자가 아닌 그리스도인은 존재할 수 없었던 것이다. 그는 단순하고도 단호했다.

"정말 이해가 안 되는 건 '주님'이라는 말이었어요. '주님'이라는 말이 제게는 상당히 버거운 개념이었지요. 저도 누군가에게 정말 충성하고 싶었고, 멋진 군주에게 저의 온 생애를 바치고 싶었거든요. 교회에는 말끝마다 '주여…' 하는 사람들이 많은데, 실제 삶에서는 '이분들이 정말 주님을 믿는 건가?' 하는 의문이 드는 거예요. 교회가 두 가지에 속고 있다는 생각이 들었어요. 하나는 종말론에 관한 건데, 세상의 종말을 믿지만 실제로 자기 자녀들이나 자신의 이해관계가 얽힌 문제에 있어서는 세상이 영원한 것처럼 살더라는 거죠. 목사님들도 마찬가지였어요. 그리고 또 하나는, '주님'이라고 말하지만 실제로는 '종'으로 살고 있지 않더라는 거예요. 그러한 현실은 내게 '아, 교회는 대개 그런 거짓에 암묵적으로 동의하고 다들 그렇게 사는구나'라는 냉소를 불러일으켰어요."

회심한 그리스도인은 결코 현실과 타협할 수 없다. 하나님 나라는 세상을 거슬러, 세상과 맞서, 세상을 전혀 새로운 가치로 전복시키는 것이다. 그런데 하나님 나라의 가치에 사로잡혀야 할 그리스도인의 삶이 어떻게 현실과 타협할 수 있단 말인가? 송강호는 부활의 사실성과 의미, 이성, 믿음, 회심, 헌신된 제자의 삶이라는 기독교 신앙의 본질적 문제로 씨름하며 청소년 시절을 보냈다. 대학에 가야 할 이유를 찾지 못해 방황했지만, 어쨌든 들어간 대학에서도 그의 구도자적 삶은 계속 이어졌다. 그래서 찾아간 선교 단체에서도 참된 신앙을 추구하며 전심전력을 기울였다. 그러나 그는 내면의 영성이나 전도와 같은 개인 신앙에만 열중하는 선교 단체에 대해 깊은 회의에 빠졌다. 그는 단순한 열심이 아니라, 현실 속에서 진실한 믿음을 추구하고자 했다. '성경이 정말 역사성을 담보하는가?'와 같은 의문이 그의 마음속에서 떠나지 않았다. 그에게 진리란 이성의 문제로 축소되지 않았다. 참된 진리는 언제나 옳을 뿐만 아니라 우리를 각성시키고, 성찰하게 하고, 위로하고, 걷고 달리게 만들 것이다.

신학교에 들어가서는, 보수적인 신앙을 견지하면서도 학문적 도전을 외면하지 않고 열심히 공부했다. 그러나 신학이란 것도 어떤 면에선 허망한 것이었다. 개인의 삶과 이 땅의 현실에 깊은 영향을 끼치는 가치로서의 신학은 신학교에 존재하지 않았다. 교단이나 특수한 집단의 자기 방어 기제로서 학문을 유지해 나간다는 의심을 떨쳐 버릴 수 없었다. 결국 대학원에 진학하여 교육학으로 전공을 바꾸게 된다. 사람에게 깊은 영향을 끼치고 삶을 변화시키는 일에 대해 지대한 관심과 희망을 가지고 있었던 까닭이다.

"교회에 깊이 실망한 나머지 사람을 변화시킬 수 있는 현실적인 대안으로 교육학에 관심을 가지게 되었어요. 깨우침에 대한 교육학적인 지식들을 정리해야겠다는 생각으로 대학원에서 교육철학을 공부한 거죠. 그래서 졸업 논문도 '깨우침에 대한 교육 인간학'으로 썼습니다. 나름대로 깨우침에 대한 학문적 근거를 공부하고 나서 저 같이 가치관의 혼란을 겪는 사람을 돕고 싶었어요. 신앙을 갖는다는 것이 세계관과 인생관과 자기 정체성 전체를 뒤바꾸는 것인데, 이것은 옛 집을 허물고 새 집을 짓는 것 이상으로 엄청난 작업입니다. 저는 그 작업에 청소년 시절을 다 허비했는데, 누구도 저를 도와주지 못했어요. 그래서 저는 저처럼 방황하는 사람에게 도움을 주는 사람이 되고 싶었습니다."

그리스도를 주로 고백하지만 정작 그리스도의 종으로서의 삶은 없는 뼈아픈 현실을 목도하면서, 송강호는 사람의 근본적 변화에 대해 깊은 관심을 갖게 되었다. 교육학에 대한 관심 역시 그러한 문제의식에서 비롯된 것이었다. 그 연장선상에서 송강호는 공동체에 대해 깊은 관심과 희망을 품게 되었다.

"신학생 시절부터 진정한 기독교와 진정한 공동체에 대한 꿈이 있었어요. 신학생 시절에는 사역자의 표상으로 김진홍 목사님이 마음속에 자리잡았습니다.「새벽을 깨우리로다」(홍성사)를 읽으면서 이런 사역자가 되고 싶다는 생각을 했거든요. 그분의 구수한 강론도 참 좋았어요. 그런데 그 당시 거의 모든 단체들은 어떤 한 인물과 동일시되는 것이 이상했어요. '두레 공동체=김진홍' 하는 식인 거죠. 그래서 이건 아니라고 생각했어요. 비전과 뜻이 전체를 이끌어 가야지, '프랜시스 쉐퍼=라브리' 식의 구도로 가서는 안 된다고 생각했죠. 공동체의 모든 구성원이 다 같이 성장하는, 하나의 비전이 이끄는 공동체 모델을 늘 마음에 품고 있었는데, 그것이 훗날 '개척자들'이라는 공동체의 원동력이 되었죠."

사단법인 '개척자들'은 국제평화운동단체다. '개척자들'은, 1991년 피나투보 화산 폭발로 인해 약 25만 명이 집을 잃고 900여 명의 목숨을 앗아간 엄청난 참사를 당했던 재난 현장으로 떠난 한 교회의 청년들로부터 시작되었다. 이 청년들의 담당 전도사가 바로 송강호였다.

그는 청년들이, 교회의 울타리에 갇힌 그리스도인이 아니라 세상 속의 그리스도인이 되기를 진심으로 바랐다. 그것만이 교회에 실망한 청년들이 그리스도인으로서의 정체성을 갖고 교회에 남을 수 있는 유일한 길이라고 생각했다. 그래서 '강경대 구타 치사 사건'* 당시에는 근조 리본을 만들어 모든 교인에게 나누어 주기도 했고, 청년회에 사회부를 만들어 사회 문제를 교회에서 공론화시키고자 했다. 세상을 품을 수 있어야 참된 그리스도인이라 할 수 있다. 그래서 그는 청년들과 함께 좀더 넓은 세계로 떠나기로 했고, 그렇게 처음 떠난 곳이 필리핀이었다.

---

* 1991년, 학원 민주화 투쟁에 가담한 명지대학교 학생 강경대가 데모를 진압하던 경찰대에 집단 구타를 당해 치사한 사건으로, 추후 대학 당국은 강경대 추모사업회를 설치하고, 강경대가 넘어진 담벼락에는 추모 동판을 세웠다.

"필리핀의 루손, 솔라누, 바탕가스, 민도로 섬 같은 곳을 다녔어요. 솔라누 지역에서는 산악 지대에 공산당이 출몰하기도 했습니다. 미군 공군기지가 있는 앙겔레스라는 곳에서 피나투보 화산이 폭발했는데, 그곳에서 세계의 참담한 현실과 더불어 우리의 무력함을 경험했습니다. 자연재해 속에서, 우리가 한 일이라곤 기껏해야 노상에서 공연하고 사람들에게 예수 믿으라고 하는 정도였죠. 마치 전쟁의 참화로 팔다리가 잘리고, 얼굴에 흉측한 상처를 입은 사람들에게, 조그맣고 예쁜 리본이 달린 초콜릿 상자를 건네며 '여러분을 위한 선물입니다' 하는 격이었죠. 철저히 현실과 동떨어진 나를, 우리를 발견했습니다."

설교에는 예의를 갖춰 '아멘'으로 응답하지만, 정작 실제 삶에서는 아무런 변화도 없는 청년들을 바라보며 송강호는 절망했다. 그는 청년들을 밑바닥으로부터 뒤흔드는 에너지를 어디서 찾을 수 있는지 궁금했다. 필리핀의 엄청난 재난에 큰 충격을 받은 그는 '이 세계가 학교다'라는 깨달음을 얻는다.

"세계가 교실이고 하나님이 교사인 학교, 각 사람에 대한 개별적인 커리큘럼을 가지고 각 사람의 인생을 밑바닥부터 뒤흔들어서 변화시키는 그런 학교! 아름답고 찬란한 대자연으로 둘러싸인 이 세계, 그러나 숱한 고통과 생사의 기로에서 신음하는 수많은 사람과 눈을 맞추는 이 현실이 제가 발견한 학교였습니다. 저는 이 세계라는 이름의 학교로 학생들을 이끌어 가는 안내자일 뿐, 그들을 변화시키는 분은 하나님이시지요."

하나님을 아는 지식은 단순한 지식에서 머무는 것이 아니라, 필연적으로 삶의 변화를 요구한다. 우리가 발을 딛고 서 있는 삶의 자리 곧 세상의 현실은 하나님을 바로 아는 데 매우 중요하다. 하나님은 구체적인 삶의 자리에서 구체적인 인간과 함께하시기 때문이다. 온갖 질병과 재난, 가난과 불의, 분쟁과 전쟁 속에서 고통받는 땅, 그리고 그 속에서 신음하는 사람들. 하나님은 거기 그들과 함께 계신다.

"하나님은 지금 교회 안에 구금당해 그들과 함께 계신 꼴입니다. 이것은 사람을 감옥에 넣는 것보다 훨씬 큰 죄입니다. 젊은이들이 교회 일에는 충성하지 않고 쓸데없이 바깥 문제에 시간과 물질, 관심을 쏟는 것이 교회로서는 영 달갑지 않은 거죠. 이것이 '개척자들'이라는 단체를 탄생시킨 계기입니다."

교육과 공동체에 대한 그의 관심과 꿈은 이렇게 구체적인 현장에서 가야 할 길을 찾았다.

"성경을 읽을 때 전쟁으로 고통받는 이스라엘 백성이 보이기 시작했습니다. 사실 가장 비참한 사람들은 배고픔으로 죽어가는 사람들인데, 배고픔이라는 문제도 직접적이든 간접적이든 대체로 전쟁이 빚은 결과입니다. 2005년 반다아체에 쓰나미가 몰려왔을 때, 국제적인 구호 단체가 얼마나 어마어마한 구호 능력을 갖고 있는지를 보고 놀랐어요. 하지만 종족 간 분쟁으로 인해 그런 구호 능력은 제대로 활용되지 못했지요. 그래서 에티오피아나 수단과 같은 아프리카의 여러 나라들에 만성적인 기아가 사라지지 않는 거예요. 사실 구호품을 운반할 수송로의 안전만 확보되면 그들을 대부분 먹일 수 있어요. 그런데 인간들이 그걸 다 막고 있어요. 오늘날 기아의 근본적인 원인은 전쟁이에요. 그것도 보통은 종족 간의 내전이죠. 당연히 우리의 기도도 바뀌기 시작했습니다. 처음에는 선교사들을 위해 기도했는데, 차츰 이 땅에서 사람들이 겪고 있는 가난에 대해, 그리고 가난의 밑바닥에 있는 분쟁에 대해 기도하게 되었어요."

송강호와 청년들의 모임은 교회에서 환영받지 못했다. 교회는 장소를 허락하지 않았고, 그들은 결국 다른 교회를 찾아 모임을 지속하며 세계를 위한 기도를 멈추지 않았다. 기도한다는 것은 어떤 의미일까? 누군가를 위해 기도하는데, 그들이 지금 굶주리고 있다면, 우리는 마땅히 그들에게 먹을 것을 주어야 하지 않겠는가? 그들은 더 나아가 분쟁 지역을 위해 기도할 뿐더러, 분쟁 지역의 문제에 실제로 동참하고 싶어했다. 위험천만한 일이지만 그들은 기꺼이 그러기를 바랐고, 그 열정은 '개척자들'의 토양이 되었다.

"모든 사람을 정의와 평화를 위한 투사로 만드는 게 교육의 제일 가치라고는 생각하지 않아요. 사람은 누구나 하나님으로부터 받은 꿈이 있고 자신만의 갈망이 있잖아요. 누구나 행복한 삶에 대한 갈망이 있어요. 그 모든 것을 향해 그 사람이 정말 자유롭게 인생을 펼쳐갈 수 있도록 길을 열어 주는 게 교육의 목표 아닐까요. 그게 저의 역할이라고 생각합니다.

제가 바다를 좋아하고 청년들에게 항해를 권유하는 이유는, 그들이 누리고 펼쳐 나가야 할 행복이 얼마나 넓고 자유롭고 대단한 것인지를 조금이나마 보여 주고 싶어서예요. 드넓은 세계를 바라보며 한 인간의 마음속에 도사리고 있는 통념과 선입견과 편견들에서 벗어나 자신이 나아갈 수 있는 무한한 자유를 깨닫게 해주고 싶어요. 인생은 마치 항해와도 같아요. 넘실거리는 파도와 예측할 수 없는 방향에서 불어오는 바람을 타고 돛배가 항해하듯 우리는 운명의 바다 위에서 인생 항해를 하고 있지요. 항해사의 계획과 결심에 바다가 순응할 수 없듯이, 우리는 그 변화무쌍한 현실 안에서 우리의 고집이나 의지, 결심을 수없이 내려놓고, 바꾸고, 변경하면서 끝없이 우리를 둘러싼 세상을 긍정하고 찬미하며 앞으로 나아가는 것이 필요합니다. 그래서 바다로 가자고 합니다. 부디 청년들이 자유를 만끽하되, 불의를 회피하지 않고 기개 있게 세상 속에서 세상과 맞서 살아갔으면 좋겠어요. 우리에게 배가 없는 이유는 마음속에 바다가 없기 때문입니다."

청년을 사랑할 뿐 아니라, 그의 가슴엔 거칠고 시퍼런 숨을 헐떡이며 살아가는 청년이 살고 있었다.

4. 하이델베르크에서 르완다로

송강호가 청년부 전도사로 사역했던 보광동엔 불우한 환경의 청소년들이 많았다. 부모 없이 방치된 집에서 본드를 흡입하며 환각을 즐기는 학생들이 적지 않았다. 언젠가는 몇몇 청소년들이 빈집에서 부탄가스를 틀어 놓고 혼미한 상태에서 담뱃불을 붙여 폭발 사고가 난 일도 있었다. 한 명은 죽고 다른 두 명은 큰 화상을 입었다. 그중 하나가 교회에 다니던 학생이었다. 그는 가슴이 아팠다. 그래서 평상시 빈 공간이 많은 교회 건물을 활용하여, 청년들이 동네 청소년들의 친구와 희망이 되어 주자는 내용의 기획안을 만들어 교단 총회에 제안하였다. 하지만 총회 교육부는 여름성경학교 교과 제작, 교사 대학 등을 준비하느라 여력이 없다고 거절하였고, 사회부는 지방 봉사 활동 프로그램 때문에 여력이 없다고 거절하였다. 그는 총회의 도움을 받는 것은 포기하고, 우선 자신의 교회에서 이 프로그램을 시작하자고 제안하였다.

그리고 2년쯤 지난 뒤, 총회에서 연락이 왔다. 세계교회협의회에서 청년 지도자들을 양육하는 장학 프로그램이 있으니 지원해 보라는 것이었다. 그가 제안했던 기획안은 채택되지 않았지만, 그를 눈여겨보았던 총회에서 기회를 주었던 것이다. 그는 하이델베르크 대학교로 유학을 떠날 결심을 한다. 그런데 그의 마음엔 함께하던 청년들이 밟혔다. 그래서 그들과의 약속을 '이정표'처럼 남겼다.

"떠나기 전에 청년들과 작별을 고하는데, 3년 동안 함께 지내며 특별한 인연을 맺었지만 아직 이 세상에서 그리스도인으로서 어떻게 살아야 하는가에 대한 의기투합까지는 이르지 못했다는 생각이 들었어요. 그래서 청년들과 약속을 했죠. '이 세상에서 가장 심각하고 절박한 문제가 전쟁과 기아라면, 그런 일이 발생하는 곳에 가서 정말 전쟁이 어떻게 일어나는지, 그런 상황에서 우리가 할 수 있는 일은 무엇인지, 또 전쟁 이면에서 무슨 일이 벌어지고 있는지 경험하자. 전쟁이 일어나면 만나자'. 독일에 가서도 마치 아이들을 고아원에 두고 온 아버지처럼 몹시 괴로웠어요."

하이델베르크에서 만난 교수들은 그에게 학문하는 자세를 가르쳐 주었다. 그들은 백발을 날리며 다 낡은 가죽 가방을 자전거에 아무렇게나 매단 채 시내를 질주하였고, 도서관 바닥에 주저앉아 다 해어진 원전을 펼쳐 보며 열정적으로 탐구하였다. 언제 어디서든 학생들과 격의 없는 토론을 즐겼고 권위 의식이라고는 찾아볼 수 없었다. 한국에선 일부 진보적 학자로 폄하되기도 했지만, 진리에 대한 그들의 열정은 송강호에게 큰 감동을 주었다.

"왜 우리는 이런 교수들을 쉽게 신 신학자, 고등비평가, 자유주의 신학자라고 비난만 하는 걸까 싶었어요. 그들을 비난하던 사람들은 그들처럼 진리를 탐구하기는 했을까 싶었죠. 학자로서의 자세만큼은 존경하지 않을 수가 없었습니다. '학문은 이렇게 하는 거로구나' 생각했죠. 그러면서 젊은이들을 세계를 품은 위대한 그리스도인, 시대의 도전에 응답하는 그리스도인으로 만들어야겠다는 용기는 있지만, 정작 아무런 준비가 되어 있지 않은 제 자신이 너무 무식하다는 생각이 드는 거예요. 무식한 사람이 용감하면 오히려 사회에 문제를 일으킬 수 있잖아요. 다름 아닌 제가 그런 사람일 수 있겠다는 생각이 들더군요. 즉흥적으로 아이들이나 선동하고 말이죠. 그런 일을 과제로 삼고 있다면 더 신중히 연구하고 더 성찰해야 하는데, 그럴 만한 기반이 다져지지 않았던 거죠. '더 겸손해져야겠다. 나의 신앙과 신학을 정리할 수 있는 기회가 주어졌으니, 너무 조급하거나 오만하게 이 기회를 발로 차 버리지 말고 겸허하게 열심히 공부하자'고 마음을 먹었어요."

그의 논문 주제는 '회심'(Conversion)이었다. 그는 독일의 교수들이 대체로 진보 성향의 신학자라는 선입견 때문에 논문 주제로 통과될 수 있을지 걱정했지만, 뜻밖에도 담당 교수는 흔쾌히 동의하고 격려했다.

"저는 처음에 본회퍼라는 독일 신학자의 교육관을 논문 주제로 쓰고 싶다고 했습니다. 담당 교수는 잠시 침묵하며 저를 물끄러미 쳐다보더니 제가 진정으로 관심을 갖고 있는 주제가 무엇이냐고 물었어요. 저는 깊은 샘에서 물을 끌어올리듯이 무겁고 조심스럽게 '회심입니다'라고 답했습니다. 그분은 회심에 대한 저의 생각이 뭐냐고 묻더군요. 그래서 '아직 명확하게 다 말할 순 없지만, 저는 회심이라는 것을 경험했고 또 삶의 큰 변화도 있었지만, 결과적으로 하나님은 사랑하지만 이웃은 미워하는 그런 회심으로 전락했습니다. 그런데 진정한 회심은 하나님을 사랑하고 이웃과 타자를 사랑하는 회심이어야 하고, 그런 회심일 수밖에 없다고 생각합니다. 지금까지 제 경험과 학문적인 직관으로 볼 때, 하나님을 만난 인간 변화의 핵심은 하나님을 사랑하고 이웃을 사랑하는 것입니다. 그리고 실제로 그리스도인들이 의미 있는 타자를 만나면서 그렇게 변화된다는 학문적인 증거도 댈 수 있을 것 같습니다'고 대답했어요. 그러니까 담당 교수가 자기도 관심 있는 주제니 40페이지 정도의 에세이를 써 오라고 하셨죠. 전혀 예상하지 못한 반전이었지요. 논문이 곧 저의 이야기니, 이미 절반은 썼다는 생각이 들었어요. 집에 와서 저녁 준비를 하는 아내를 붙잡고 함께 기뻐했죠.

저에게는 두 번의 회심이 있었습니다. 첫 번째 회심은 처음 예수 그리스도를 믿을 때의 회심이고, 두 번째 회심은 살아오면서 숱한 '의미 있는 타자'들을 통해 '타자를 사랑하는 하나님'을 만난 거예요. 그리스도를 통해 변화되어 하나님을 사랑한다는 것은 곧 타자를 사랑하는 것인데, 이것은 일회적인 회심이 아니라 지속적인 만남과 자기 변화의 과정을 통해 이어지는 제2의 회심 과정이에요. 저는 이것을 교육학적으로 설명이 가능하다고 봤어요. 제임스 파울러가 썼던 「신앙의 발달 단계」(The Stages of Faith, 한국장로교출판사 역간)를 보더라도 빠짐없이 언급되는 것이 '의미 있는 타자'들이거든요."

논문 작업은 순조로웠다. 아마 그의 인생 가운데 가장 평온했던 일상을 보내지 않았을까? 그러나 그 평온한 일상은 그리 오래가지 않았다. 어느 봄날, 두 통의 편지가 날아왔다. 그를 초청했던 독일의 개신교협의회 장학위원회에서 논문 주제에 관심이 있다며 격려의 메시지를 전해 왔다. 당시 독일은 전체 인구의 10퍼센트 정도가 터키 사람이었는데 그들 중에는 이슬람 근본주의자도 있었다. 이들은 기독교 근본주의자들과 서로 반목하며 갈등하고 있었다. 기독교 근본주의자들은 나치즘에 향수를 지닌 극우 인종차별주의자와 결속되어 있었다. 이로 인해 독일 사회 분위기가 점점 더 배타적으로 흘러가는 한편, 레비나스 등의 철학자들에 의해 '타자'에 대한 주제가 부각되고 있었다. 편지에는, 장기적으로 논문을 쓸 수 있도록 후원하겠다는 암시가 담겨 있었다. 일이 순조롭게 흘러가는 것 같았지만, 다른 한 통의 편지는 마치 찬 물을 끼얹은 것 같았다.

"'전도사님 드디어 전쟁이 났습니다! 전도사님이 전쟁이 나면 같이 가자고 하셔서, 저희는 지금 구체적 실천 방안에 대해 논의하고 있습니다.'

1994년, 르완다에서 전쟁이 난 거예요. 편지를 붙잡고 여기서 내 인생이 꼬이는구나 생각했어요. 박사 학위를 포기하고 청년들과의 약속을 지킬 것인가, 아니면 우선 학위를 받고 또 전쟁이 나면 그때 가자고 할 것인가를 두고 고민했어요. 그런데 저는 단순 무식해요. 곰곰이 생각하다 보니 '약속은 약속 아냐?' 하는 생각이 지워지지 않는 거예요. 그래서 장학위원장에게 편지를 썼어요. '내가 사실 이 주제에 관심을 가지고 일해 왔고 지금 그 주제로 논문을 쓰려고 한다. 그런데 르완다 전쟁은 타종족에 대한 전쟁이고, 부족 간의 배타주의를 극복하지 못해 발생한 전쟁이라 내가 이것을 경험한다면 학문적으로 더 소중한 자료가 될 것 같아 아프리카에 다녀오고 싶다'고 말이죠. 그랬더니 '독일 교회가 150년 동안 전 세계에서 장학생을 선발해 장학금을 지급해 왔는데 이런 경우는 처음 봤다. 잘 가라'고 답이 왔어요. 계속 장학금을 주겠다는 건지 안 주겠다는 건지 애매한 여운을 남기는 편지였죠."

그는 단순했다. 진리는 오랜 숙고와 성찰을 통해 이를 수 있지만, 진리에 대한 신실함은 가장 단순하고도 간결한 실천으로 담보된다. 1994년 봄학기를 접고, 이런저런 준비를 마친 후 6월에 아프리카로 떠난다. 그렇게 송강호와 청년들은 다시 만나 뜨거운 우정을 나누었다. 르완다로 바로 가는 길이 열리지 않자, 그들은 우선 부룬디의 수도인 부줌부라로 갔다. 부룬디 역시 분쟁으로 고통받는 땅이었다.

"부룬디도 르완다처럼 후투 족과 투치 족의 비율이 같은데다, 후투 족과 투치 족 간의 갈등이 극에 달해 분위기가 삼엄했어요. 부룬디에 계시는 한 선교사님 댁에서 르완다로 넘어갈 날만 기다리는데, 하루는 선교사들이 와서 집회를 한다는 거예요. 그래서 우리도 따라갔습니다. 거긴 투치 족 지역이었는데, 가 보니 후투 족 지역의 목사들이 모여 있었고, 집회를 인도하는 선교사들은 미국에서 온 한국인 목사들이었어요. 그분들은 요한복음 10장을 가지고 선한 목자에 대해 설교했어요. 후투 족 목사들은, 자기 동네의 교회에 분쟁이 일어나 장로와 집사들이 서로 칼과 죽창을 들고 살육하는 상황이 코 앞에서 벌어졌지만, 그것을 막지 못하고 도망 와서 아픈 마음으로 그 자리에 앉아 있었죠. 설교를 들을수록 자신들은 양을 버리고 온 목자라는 사실에 견딜 수가 없었어요. 설교를 듣던 목사들은 의자에서 내려와 바닥을 치면서 통곡하였습니다.

바닥에 눈물이 흥건하게 고인 부흥회를 마치고 저녁 식사를 하고 있는데, 갑자기 총소리가 나기 시작했어요. 그러더니 유엔으로부터 내일이 독립 기념일이라 투치 족의 대대적인 반격이 시작되고 있으니 안전에 유의해 달라는 전화가 왔어요. 그 상황에서 목사들은 저녁 식사 후 집회를 하러 갈 것인지 말 것인지를 결정해야 했어요. 투치 족 마을을 책임지는 목사들의 대표가 '목사님들은 여기에 오시면 위험합니다' 하고 말하는데, 제가 보기에는 거기 있는 후투 족 사람들은 투치 족 마을 한복판에 있고, 투치 족들이 진격해 오면 하룻밤 사이에 떼죽음을 당할 수 있는 일촉즉발의 상황에 있는 사람들이었습니다. 위험하기는 하겠지만, 그나마 외국인인 우리라도 가서 보호막이 되어 준다면 이 위기를 피할 수 있을 것 같았어요. 마침 차도 없었고요. 그래서 이분들이 가면 우리도 간다고 생각하고 있었습니다. 그런데 모두가 통성으로 기도하는 가운데 한 아주머니가 예언을 전하더라고요. 하나님이 우리가 가는 것을 원하지 않으신다, 여기서 간절히 기도하는 역할을 해야 한다고 말이죠. 결국 기도회 오신 분들이 그렇게 하는 게 좋을 것 같다며 가지 않기로 결정했어요. 저는 한숨도 못 잤어요. 우리가 삯꾼이 아닌가 생각했죠. 그리고 평화를 위해 일한다는 것에 대해 생각하며 번민의 밤을 보냈습니다. 죽음이 성큼 다가오는 것이 아닐까 하는 불길한 예감에 잠을 이룰 수가 없었어요."

다행히 후투 족 목사들은 무사했다. 하지만 이날의 기억은 그에게 씻을 수 없는 상처로 가슴에 남았다. 평화를 위해서는 온갖 폭력을 온몸으로 감수해야 하는데, 평화를 구하겠다고 나섰지만 죽음 앞에서 한없이 두려워하는 자신의 연약한 모습에 절망했다.

후투 족과 투치 족은 진영을 나누어, 상대 쪽 종족이 가까이 접근하면 아이, 어른 할 것 없이 무참히 살해했다. 바로 눈앞에서 인류 최악의 참혹한 비극을 목격하며, 그는 세계의 젊은이들을 모아야겠다고 생각했다. 여러 나라의 젊은이들을 모을 수만 있다면, 그들로 하여금 분쟁 지역 사이에 제3의 범퍼 지대를 만들 수만 있다면, 이런 참혹한 비극은 막아 낼 수 있지 않을까 생각했다. 씻기 힘든 상처가 남았지만, 무언가 희망이 구체화되었다는 점은 그에게 큰 위로가 되었다.

이날의 경험은 그의 말마따나 '의미 있는 타자'와의 만남이 있었기에 가능한 것이었다. 그가 연구하던 주제, 즉 두 번째 회심은 숱한 '의미 있는 타자'와의 만남을 통해 이를 수 있는 것이었다. 그 만남을 통해 좌절과 상처가 남기도 하지만, 그것을 제대로 성찰해 낸다면 그리고 포기하지 않는다면 새로운 희망이 싹틀 것이다. 보다 중요한 것은, 이런 만남을 통해 존재론적 변화가 가능하다는 것이다. 송강호와 그의 청년들은 그렇게 변화되어 갔다. 훗날 그의 평화사역, 평화캠프, 평화학교, 강정 투쟁 역시 '의미 있는 타자'와의 만남은 그때마다 중요한 계기와 동력이 되었다.

르완다로 가는 길은 여전히 막혀 있었기에 그들은 우회로를 선택했다. 우간다의 수도 캄팔라를 거쳐 탄자니아 국경으로 이동했고, 르완다와 경계를 이루고 있는 카게라 강가의 카라그웨 분지에 위치한 난민촌에 머물렀다. 난민은 5만 명 정도였는데, 그들을 돌보는 유엔 직원은 고작 십여 명에 불과했다. 우간다와 탄자니아의 에이즈 감염률은 무려 30퍼센트가 넘는다고 한다. 어떤 부족은 에이즈로 인해 부족 전체가 몰살당하기도 했다. 난민들은 하루 두 번 배급을 받았다. 나이든 노인에서부터 아이들까지 그늘도 없는 땡볕에서 줄을 서서 배급을 받았다. 아이들이 떼로 몰려드는 까닭에 유엔 직원은 회초리로 때리기도 했다. 여자아이들은 머리에 양동이를 이고 늪지대로 물을 길으러 십리 길을 걸었다. 줄지어 떠나는 아이들의 행렬에 먼지가 뽀얗게 일어났다. 제법 고단했을 하루지만, 아이들과 어른들은 밤이 되면 노래를 불렀다. 어른 하나가 "투치 족의 눈을 뽑아"라고 선창하면, 아이들은 "잘근잘근 씹어 먹세"라고 화답한다. 추임새와 후렴구를 넣어 엇박자로 박진감 있게 되받아 노래한다. 그들을 압도하던 가난의 지난함도 그들의 적대적인 분노를 억누르지 못했다. 난민촌엔 미래가 없는 것만 같았다.

"난민촌에는 학교가 없는 줄 알았어요. 그러나 그런 난민촌에도 학교는 있었어요. 그런데 미래를 준비하는 학교가 아니라 과거에 얽매인 학교였습니다. 밤마다 모여서 복수와 증오의 칼을 가는 학교가 열리는 거죠. 보다 못해 한 젊은이에게 아이들을 위해서라도 투치 족과의 평화와 화해를 위한 노래를 불러야 하는 것이 아니냐고 했더니, 갑자기 어둠 속에서 젊은이들의 이글거리는 눈동자들이 저에게 다가오는 게 느껴졌어요. 살기가 느껴졌죠. 뒷걸음쳐서 유엔 천막촌으로 도망쳤는데, 천막촌에 들어와서도 가슴이 벌렁거리고 누워도 잠이 안 오는 거예요. 무시무시한 전쟁과 폭력의 학교가 밤마다 되풀이되고 있다는 생각에 뜬눈으로 밤을 지샜지요.

자는 둥 마는 둥 아침에 눈을 떠보니 펄럭이는 천막 사이로 저 너머 산자락에 줄 서 있는 아이들과 물동이를 지고 가는 소녀들의 모습이 보였어요. 우중충한 옷을 입은 중년 어른들은 길가에 앉아 도박을 하면서 입에는 마약을 씹고 있었죠. 매춘 여성들은 하릴없이 웃음을 팔고 있었습니다. 그때 문득 이런 생각이 들더군요. '지칠 줄 모르는 저 어린아이들을 위해 이곳에 하얀 천막을 치고 평화를 만들기 위한 학교를 짓자. 전쟁의 책임을 짊어져야 할 여러 나라의 젊은이들에게 호소하자. 전쟁을 그치고 복수와 증오의 사슬을 끊어 기어코 평화를 만들어 내자. 평화를 가르칠 세계의 젊은이들을 부르자.' 평화학교의 종을 울리면 수많은 아이들이 산으로 뛰어 올라올 것 같은 환상이 보였어요. 심장이 두근거렸습니다. 희망이 생겼어요. 백일몽일지 모르지만, 하나님이 저에게 보여 주신 비전이라고 생각하고 가슴에 간직하였죠."

그는 전쟁과 살육, 보복, 증오의 한복판에서 비로소 평화학교의 꿈을 꾸었다.

"평화학교는 그 사회에 '당신들에게도 미래가 있습니다!'라는 메시지가 될 것입니다. 미래가 없는 인생은 결국 절망을 운명처럼 받아들일 수밖에 없는 것이지요. 미래가 없는 사회는 오직 현재 움켜쥘 수 있는 한 줌의 권력과 물질에 자신의 전부를 걸고 극단의 선택을 합니다. 한 사람이나 사회가 자신들에게도 미래가 있음을 진지하게 인정하면, 서로 간의 갈등과 분쟁을 버리고 평화를 원할 수밖에 없습니다. 분쟁 지역에서 평화캠프를 열고 평화학교를 세우는 꿈은 그렇게 시작되었습니다."

평화의 나라에 평화운동은 있을 수 없다. 평화는 전쟁의 불꽃 속에서만 피는 꽃이다. 삶은 죽음 속에서만 나오고, 기쁨은 근심 걱정 속에서만 나오고, 사랑은 미움과 싸움 끝에서만 나온다. 생명이 가는 길은 처음부터 언제나 그러했다. 늘 불가능의 가능이다.

_함석헌, 「평화운동을 일으키자」(한길사) 중에서

5. 눈 덮인 산을 넘는 젊은이들

송강호는 소말리아와 보스니아를 거쳐갔다. 소말리아는 무정부 상태로 부족들 간에, 유럽 제국주의 외세와 결탁한 군벌 세력들 간에 끊임없이 전쟁이 이어졌다. 게다가 보스니아는 종교의 배타성, 공격성, 파괴성으로 인해 황폐화되고 있었다.

"누군가 그랬죠. 평범한 사람이 악을 저지르는 데는 종교가 개입되기 때문이라고. 맞는 말이에요. 심지어 종교가 개입되면 선한 사람도 악을 저지를 수 있어요. 종교가 악한 사람을 선으로 구원할 수도 있지만, 역설적으로 선한 사람이 악한 행동을 하게 만드는 힘도 있다는 거죠. 르완다의 후투 족이 투치 족을 죽인 다음 시체를 산더미같이 쌓아 놓고 마을회관 방송으로 하나님의 도우심으로 후투 족을 전멸했으니 하나님께 영광을 돌리자고 했어요. 르완다의 90퍼센트가 그리스도인입니다. 십자군 전쟁 당시, 그리스도인들이 예루살렘에 갑자기 들이닥쳐서 터키 사람들을 남녀노소 할 것 없이 죽였습니다. 역사는 십자군들이 무릎까지 피가 고인 예루살렘 성전에서 피 묻은 칼을 닦으며 적을 무찔러 승리하게 하신 하나님께 영광을 돌렸다고 기록하고 있습니다. 르완다 내전에서 벌어진 대량 학살은 십자군 전쟁의 악몽을 재현한 것이었어요. 르완다에서 기독교는 증오심을 정당화하고 연약한 사람들까지도 폭력과 살인에 동참하게 만드는 비극적인 역사를 재현한 것입니다.

　이런 종교의 배타성, 공격성, 파괴성을 1998년에 보스니아에서도 경험했어요. 보스니아에서는 세르비아 동방정교회 그리스도인들이 민병대를 조직하여 인종 청소라는 명분으로 이슬람 사람들을 무참하게 불태워 죽이고 학살했죠. 그루바비츠라는 마을에서는 여성들에게 조직적으로 성폭행을 했어요. 그들은 사실 같은 마을 사람들이었거든요. 정상적인 정신을 가진 그리스도인이라면 절대 같은 마을에서 함께 자란 여인에게 그렇게 할 수가 없었을 것입니다. 이슬람은 안타깝게도 누이가 강간을 당하면 그 사람이 희생자임에도 불구하고 명예 살인하는 것이 인정되는 사회거든요. 성폭행을 당하고 이교도의 자식을 낳으면, 이 여자는 공동체로부터 영원히 부정한 여자로 낙인찍히고 이방인이 되는 거죠. 여인들을 성폭행하는 세르비아 정교회 그리스도인들의 명분은 단순했어요. 그렇게 해서 악한 종교로부터 벗어날 수 있다는 거죠. 하지만 그 여인들은 마음의 고향과 같은 종교로부터 외적, 내적으로 씻을 수 없는 지옥 같은 버림을 받는 것입니다. 파키스탄 히말라야 산자락에서 어린아이들이 저녁마다 바위에 올라가 하는 기도가 산골짜기에 메아리치면 얼마나 아름다운지 몰라요. 인도네시아에서 저녁노을이 질 때 항해를 하면 역시 이슬람 사원에서 아잔(Azan, 이슬람 사원에서 하루 다섯 번 드리는 기도) 소리가 들리죠. 모스크에서 들려오는 소리가 바다를 항해하는 저에게도 고향 같은 안도감을 선사합니다. 그러니 평생 어려서부터 그 문화권에서 자라 왔던 사람들에게 이슬람이라는 건 생명과 같은 거예요. 그 여인들은 그 생명을 송두리째 빼앗긴 거지요."

그해 가을, 그는 하이델베르크로 돌아온다. 독일 개신교협의회는 다행히 그의 학업을 계속 지원해 주었다. 그는 논문을 쓰는 동안에도 세계를 위해 기도하는 '개척자들' 젊은이들의 사진을 기도 처소에 붙여 놓고, 그들과의 우정과 의리를 변절치 말자고 수없이 다짐했다. 학위를 마치고 돌아가면 분쟁 지역에서 그리스도인으로서의 책임을 기꺼이 수행하리라고 날마다 새롭게 다짐했다. 아프리카에서의 경험은, 한 학기 대학 수업과는 비교할 수 없는 소중한 시간이 되었다. 마지막 구술 시험 과정에서 르완다의 전쟁 상황에 대한 경험은 큰 도움이 되었다. 그리고 평화를 위해 일한다는 것이 어떤 의미인지, 어떤 대가를 담보로 하는 것인지에 대해서도 마음의 각오와 준비를 하게 되었다.

"논문이 통과되고 마지막 구술 시험에 합격하는 날 시험장에서 무릎을 꿇고 감사 기도를 올려 드렸어요. 그리고 곧장 전운이 감도는 발칸반도를 향해 떠났지요. 뮌헨에서 출발한 버스는 알프스를 넘어 보스니아 헤르츠고비나에 이를 때까지 36시간을 달렸어요."

새뮤얼 헌팅턴(Samuel P. Huntington)이 예견한 대로, 이제 냉전 체제는 지나갔고 서로 다른 문명의 단층선에서 분쟁이 지속적으로 일어날 것이다. 따라서 평화사역은, 다양한 문화와 종교, 뿌리 깊은 역사를 가진 종족 간 복잡한 갈등이 언제 어디서 일어날지 예측하고 준비할 수 있어야 한다. 사라예보가 그렇다. 가톨릭과 개신교가 하나의 문명권이라면, 러시아를 중심으로 한 동부 유럽의 정교 문명권과 이슬람 문명권 등 세 개의 문명권이 첨예하고 대립하고 있다. 이 단층선이 보스니아와 크로아티아, 세르비아의 경계선이고, 그 중심지는 사라예보다.

"발칸반도를 따라 내려오는 버스를 타고 3박 4일간 사라예보를 여행해 보니, 집들이 자연 재난이 아니라 전쟁으로 인해 파괴되어 있었습니다. 단층선에는 새까맣게 불탄 집들이 늘어서 있어요. 문명의 단층선이 자연재해처럼 전쟁으로 피해를 입은 거죠. 그곳에서 세르비아 군인들의 무자비한 행동과 그리스도인들이 이슬람에 행한 죄악을 보았죠. 보스니아에는 모스타라는 작고 아름다운 마을이 있어요. 모스타는 보스니아 말로 '오래 된 다리'라는 뜻이에요. 그 마을에는 아호딘(Hajradin)이라는 유명한 이슬람 건축가가 밝은 색의 대리석으로 만든 다리가 있었습니다. 이슬람을 상징하는 반달형 모양을 하고 있었어요. 다리 밑에는 폭은 좁지만 아름다운 강이 흐르죠. 어른 아이 할 것 없이 다리 밑에서 뛰노는 모두의 놀이터인 셈이죠. 동쪽은 이슬람 마을, 서쪽은 가톨릭 마을이고요. 가톨릭과 이슬람의 청춘 남녀들이 다리 위에서 사랑을 속삭이는 낭만적인 곳이고, 주변에는 유서 깊고 아담한 카페들이 즐비해요. 그들에게 이 다리는 단순한 문화재를 넘어 마을의 전부라고 해도 과언이 아니에요.

그런데 전쟁이 일어나면서 크로아티아 가톨릭 신자들이 이 다리를 이슬람의 초승달을 상징한다며 파괴시켜야 한다고 해서 폭파시켜 버린 거예요. 이슬람 신자와 가톨릭 신자가 결혼하는 일도 흔했는데, 전쟁이 벌어지자 이슬람 신자인 남편을 잡아서 처형시키는 끔찍한 일도 벌어지게 되었죠. 아직도 길바닥에는 국화꽃 문양의 수류탄 자국이 남아 있습니다. 그리고 길가 집들의 대문에는 잃어버린 가족 사진들이 붙어 있고요. 그때 하이델베르크에 사는 프랑스 청년과 함께 갔는데, 하루는 모스타에서 잠이 들었다가 꿈을 꿨어요. 집에 돌아왔는데 막내딸이 없는 거예요. 일주일 전에 사라진 딸이 돌아오지 않았다는 이야기를 들었죠. 그동안 왜 찾지 않았냐며 가족들에게 큰 소리로 화를 내고는 거리로 나와 길바닥에서 딸 이름을 부르며 찾아 헤맸어요. 부모님께 전 재산을 팔아서라도 아이를 찾아야 한다고 분노와 슬픔을 쏟아부었지요. 그렇게 악몽으로 뒤척이는데, 프랑스 청년이 저를 깨우면서 왜 그렇게 소리를 지르냐는 거예요. 새벽 동이 터 오더군요. 아, 꿈이었구나 했죠. 그런데 모스타에 사는 수많은 사람들에게 그것은 꿈이 아닌, 매일 반복되는 현실이었어요. 지독한, 지옥 같은 현실입니다."

이 땅에서 평화는 영원하지 않다. 가톨릭이었고 이슬람이었지만 서로 사랑했던 청춘 남녀들은, 그래서 행복한 가정을 이루었던 모스타의 사람들은 자신들의 평화로움이 영원하리라 생각했을 것이다. 평화는 지킬 수 있을 때 지켜야 한다. 평화가 무너진 땅엔, 참혹한 비극이 휘몰아친다.

"보스니아 헤르츠고비나를 떠나 뮌헨으로 돌아오는 길, 흰 눈에 덮인 발칸반도의 산맥들이 버스 창밖으로 보였어요. 그 흰 캔버스 위로 창틀에 올라서서 깨진 유리창에 비닐을 붙이려 쩔쩔매는 노파들의 모습, 눈도 채 덮이지 않은 새로운 묘지들, 다리를 잃고 절뚝거리는 어린아이들의 모습이 스치며 지나갔습니다. 젊은이들이라고는 눈을 씻고 찾아봐도 없었습니다. 도대체 젊은이들은 다 어디에 있을까요? 하이델베르크 하우프트 슈트라쎄에는 온갖 쾌락을 누리기에 바쁜 청춘들로 넘쳐납니다. 그런가 하면 오직 취업을 위해 도서관에 갇힌 채 기약 없는 미래를 위해 바둥대며 살아가는 한국의 청년들이 기억났습니다. '하나님, 젊은이들을 전장으로 보내 주십시오. 이 참혹한 전쟁을 그치고 다시 평화를 만들어 갈 젊은이들을! 그리하여 정의와 평화가 입맞추는 당신의 나라로 만드소서!' 흰 눈 덮인 산맥을 넘어오는 젊은이들의 모습이 제 눈에 아른거렸습니다. '그 청년들을 부르리라! 반드시!' 눈물이 하염없이 흘러내렸습니다."

그는 그 눈물을 회상하며, 다시 그렇게 울먹거리고 있다.

6. 평화학교를 열다

송강호는 박사 학위를 받아 한국으로 돌아온다. 그러나 그는 이미 또 다른 보스니아를 찾고 있었다. 인도네시아를 주목했다. 마치 '아시아의 발칸반도' 같았다. 부족과 종교 간 복합적인 갈등 요인을 안고 있었고, 항시 자연 재난 지역이 될 위험성을 가진 나라였다. 인도네시아 안에서도 가장 극심한 분쟁 지역이었던 동티모르로 떠났다. 한국에 돌아온 지 일 년 만이다.

"1998년에 돌아와서 1999년에 인도네시아를 갔는데, 그때 두 곳에서 분쟁이 일어나고 있었어요. 암본과 동티모르였지요. 암본에는 종교 분쟁이 있었고, 동티모르에는 독립 문제로 가톨릭과 이슬람의 갈등이 있었어요. 두 곳을 다 돌아본 후 1994년부터 마음에 품었던 '평화학교'를 열어 보자는 생각이었는데, 동티모르에 가서 보니 상황이 너무 절박해서 암본을 돌아볼 여지도 없이 그곳에 머무르게 되었어요. 인도네시아는 국제적인 여론 때문에 동티모르를 독립시킬 수밖에 없었고, 그렇게 독립되는 과정에서 동티모르 사람들이 겪었던 고통과 학살은 엄청났어요. 그곳에서 평화를 만드는 일을 구체적으로 해 보고 싶다는 생각이 들었습니다."

동티모르는 슬픈 역사를 안고 있는 작고 연약한 나라였다. 400여 년간 포르투갈 제국의 치하에 있다가 해방된 직후, 인도네시아의 무력 침공에 의해 1977년 인도네시아령 동티모르 주로 편입되었다. 2000년 5월 20일 비로소 독립을 선언하고, 2002년 인도네시아로부터 완전히 독립하였다. 그가 동티모르에 갔던 1999년은 인도네시아로부터 독립하는 과정에서 수다한 학살과 방화가 저질러진 직후였다.

"동티모르에 도착했던 때가 1999년 9월이었죠. 동티모르는 8월 30일 국민투표를 통해 독립을 결정했지만, 인도네시아 정부는 인정할 수 없었습니다. 그때부터 친 인도네시아 성향의 민병대가 조직적인 보복을 하고 인도네시아 군인들이 학살에 동참하면서 리퀴사, 말리아나, 수아이에서 대량 학살이 있었어요. 그리고 호주는 자국 기자들이 그곳에서 인도네시아 군인들에게 피살되었음에도 불구하고 그 사실을 감춘 채 인도네시아와 비밀 협상을 하면서 자국의 이익을 챙길 궁리만 했죠. 인도네시아도 호주를 무시할 수 없으니까 유전 개발권을 양분했어요. 자신들이 점령하고 있지만 이권을 위해 할 수 없이 호주에 몫을 떼어 주는 대신 호주는 국제

사회에서 잠잠하기로 야합한 거예요. 게다가 인도네시아는 냉전 체제 속에서 소련 편도 미국 편도 아닌 등거리 외교를 하면서 제3세력의 정치적 핵심으로 자리매김했어요. 실제로 동티모르의 독립군 세력은 사회주의자들이었고, 인도네시아는 동티모르를 인도네시아의 쿠바라고 떠들었어요. 그런 방식으로 인도네시아는 미국과 국제 사회로부터 동티모르 지배에 대해 암묵적인 동의를 얻어냈고, 영국 등 열강은 무기를 팔아먹었죠. 냉전 체제 하에서 동티모르도 국제 사회의 희생양이 되었습니다."

인도네시아는 분쟁 지역에 대해 단호하고도 잔인했다. 저항하면, 할 수 있는 모든 방법으로 보복했다. 동티모르도 예외가 아니었다. 송강호는 인도네시아 사람들 중에서, 동티모르를 찾아가 자신의 나라가 동티모르 국민들에게 얼마나 잘못했는지를 깨닫고 자신의 나라로 돌아가 동티모르와 평화로운 관계를 만들기 위해 노력할 사람을 끌어들이고 싶었다. 그런가 하면 인도네시아에 대한 동티모르 사람들의 극도의 증오심도 극복해야만 했다.

"피해 지역에 가서 현지 목사님들을 만나자고 하니, 그 와중에도 멀리서 십여 명이 수도 딜리의 호산나교회에 모였어요. 그들 앞에서 동티모르에 온 목적을 얘기했어요. 화해와 평화는 결코 쉽게 이룰 수 없는 것이지만, 그 사역은 하나님 나라에 이르는 가장 중요한 소명 중 하나라는 사실을 강조하였지요. 이를 위해, 인도네시아의 젊은이들을 불러와서 자신의 나라가 얼마나 잘못했는지 보여 주고, 사죄하고 돌아가서 동티모르와 우호적인 나라가 될 수 있도록 하자고 설득했어요. 뿐만 아니라 여러 나라의 젊은이들을 불러서 평화캠프*를 하려고 하니 인도네시아 청년들을 불러오는 것을 용납해 달라고 했죠.

　잠시 정적이 흐른 뒤, 고메즈라는 한 여자 목사님이 일어나 하늘을 바라보며 '하나님 죄송합니다'라고 기도하더니, 목사로서 화해와 평화를 이루자고 말하지 못하는 것이 너무 부끄럽다, 하지만 상처가 벌어져 있어서 아무리 부드러운 것이 닿더라도 너무 고통스럽다고 고백하는 거예요. 자신은 분쟁으로 인해 가족을 모두 잃었고 저 앞에 앉아 있는 목사님도 열 명이 넘는 가족 모두를 잃었다고 했어요. 함께한 목사님들은 소리 없이 눈물 흘리고 있었습니다. 그러나 뒤이어 루이스라는 호산나교회의 목사님이 일어나 말하기 시작했습니다. '우리가 고통과 두려움 속에 있었을 때, 당신은 우리와 같이 있지 않았다.' 그 말을 들으면서, '아! 여기서 끝나는구나' 하는 생각과 동시에 절망스러움이 스며들었어요. 그 말은 지금껏 제 가슴속 깊이 아프게 새겨져 있어요.

　평화를 만든다는 것은 안전할 때 들어와서 설치는 것이 아니라, 이들이 위험에 처해 있을 때 그들과 함께 있어야 한다는, 그래야 평화를 만드

---

* '개척자들'은 매년 여름 전쟁으로 심각한 피해를 입은 지역에서 분쟁 당사국과 세계 여러 나라들의 젊은이들을 초대하여 평화캠프를 개최하고 있다. 평화캠프의 핵심은 전쟁 피해국의 자라나는 세대들이 증오와 복수 대신 화해와 공존을 선택하도록 가르치는 평화학교를 여는 것이다.

는 중재와 조정의 자격을 얻는다는 것을 배웠지요. 그것이 우리 '개척자들'이 분쟁 지역에서 그들과 함께 있는 이유, 분쟁이 일어나더라도 다른 곳으로 도망가지 않는 이유, 주민들과 피난을 갈지언정 외국으로 피하지 않는 이유죠. 그곳에서 사역자들과 있는 동안에는, '네가 어디에서 왔든지 너는 동티모르 사람이야. 적어도 네가 미션을 수행해야 하는 그 임기까지는 동티모르 사람들과 운명을 함께하는 공동체가 되어야 한다'고 가르쳤어요. 그래서 나중에 한국 대사관과 지속적인 갈등을 일으키는 계기가 되긴 했지만요. 폭동이나 분쟁이 일어나 대사관 측에서 빨리 나가라고 해도 우리는 안 된다고 했으니까요. 처음에는 사실 우리도 고민이 되었지만, 시간이 지나면서 남아 있는 게 옳다는 것을 깨달았어요. 계속 설득하다가 결국 대사관 직원들도 떠나요. 그러고는 나중에 분쟁이 끝나면 찾아와서 그동안 무슨 일이 있었는지 물어요. 자신들에게 필요한 현장 정보를 얻을 다른 방법이 없으니까요."

'개척자들' 특유의 정신은 이렇게 현장에서 만들어지고 다듬어졌다. 세계에서 일어나는 심각한 갈등과 분쟁, 재난과 기아 사태에 응답하고 동참하는 것. 그들은 지체 없이 현장으로 달려갔고, 그 나라에서 그 땅의 사람이 되었다. 그리고 포기하지 않고 끝내 평화의 씨앗을 심었다. 평화캠프는 그렇게 시작되었다.

"결국 그해에는 인도네시아 청년들을 불러올 수가 없어서 반쪽짜리 워크

숍을 열었고, 대체 복무를 하는 독일 청년 두 명과 한국 청년 칠십여 명이 함께했어요. 천막을 치고, 평화학교를 시작하고, 아이들에게 평화의 사람이 되라고 가르쳤어요. 인도네시아 사람들에 대한 복수심을 예상하고 갔는데, 아이들은 너무 해맑고 평화로운 거예요. 그런데 그림을 그려 보라 하면 남자아이들은 군인, 여자아이들 중 많은 아이가 경찰을 그려요. 자기들이 그렇게 되어서 가족을 죽인 인도네시아 사람들을 죽일 거라고 말하는 거죠. 그뿐만 아니라 평화학교의 나무 그늘 아래서 공부를 하다가도 장갑차들이 지나가면 얼른 따라가요. 장갑차를 보는 아이들의 시선에서 총을 경배하는 것 같은 모습을, 저것이 모든 것을 해결해 줄 거라는 기대를 볼 수 있었어요. 전쟁터에서 총은 신이에요. 총에서 모든 권력과 질서가 나와요. 가히 신의 위력을 갖고 있는 거죠. 우리는 그 아이들에게 한 달 내내 피스 메이커에 대한 연극과 노래를 가르쳤고, 한국 동요나 태권도도 가르쳐 주었죠. 아이들은 그걸 따라하면서 시간을 보냈고요. 비록 물이 없어 씻지도 못하고 빈대나 전갈 같은 벌레들에게 물리기도 했지만, 평화에 대한 희망을 키워 나갈 수 있었던 값진 시간들이었어요."

평화는 거저 오지 않는다. 하워드 제어(Howard Zehr)는 '회복적 정의'(restorative justice)란 개념을 소개하는데, 어떤 범죄 행위에 대해 처벌을 내리는 대신에, 피해자와 가해자가 그 상처에 대해 공동의 치유 과정을 거쳐야 한다고 제안한다. 즉 가해자는 자신의 범죄에 대한 용서를 빌며 그 상처를 치유해나가고, 피해자는 치료를 통해 가해자를 용서하도록 도움을 주는 것이다. 이를 통해 궁극적으로 가해자와 피해자가 상생하는 공동체로 복원되어야 한다는 주장이다[「회복적 정의란 무엇인가?」(*Changing Lenses: A New Focus for Crime and Justice*, KAP 역간)]. 동티모르에도 그 회복적 정의가 절실했다. 그러나 쉽지 않았고 동티모르 평화캠프에도 위기는 있었다.

"우리는 소모초 마을에서 첫 번째 평화포럼을 열었습니다. 남아프리카공화국에서 했던 '진실과 화해 위원회' 같은 것이었어요. 우리들은 마을 주민들에게 인도네시아 군인들에게 당한 고통을 이야기해 달라고 요청했습니다. 인도네시아 참가자들이 마을 주민들과 마주보고 숙연한 자세로 앉아 있었습니다. 처음에는 주민들이 서로 눈치만 보고 아무도 앞에 나서는 사람이 없었어요. 어떤 사람들이 일어나 '도대체 당신들 누구냐? 이제 와서 이런 얘기를 꺼내는 의도가 뭐냐? 왜 아픈 상처를 또 건드리는 거냐?' 하며 언성을 높이자, 마을 촌장이 나섰어요. 그분은 우리와 계속 소통해 왔던 사람이었죠. 그는 험악한 분위기 속에서 '어떤 의도가 있는 것이 아니니 오해하지 마라. 단지 인도네시아와 우리 사이의 관계 회복을 위해 이러는 것이니 화내지 말라'며 사람들을 진정시켰지요.

무거운 침묵이 흘렀어요. 사람들은 지나간 아픈 기억을 다시 떠올리는 것을 몹시 주저했어요. 그렇게 한참 동안 침묵이 흐른 후, 마침내 한 여인이 앞으로 나와 인도네시아 사람들이 자기 집을 불사르고 형제를 죽인 이야기를 하는 거예요. 그 여인이 얘기를 꺼내기 시작하니까 사람들이 줄을 서서 자기 증언을 했어요. 이윽고 끝까지 조용히 앉아 있던 인도네시아 청년들 중 한 명이 일어나 눈물을 훔치면서 '내가 우리나라를 대표할 수 있을지는 모르겠지만, 국민의 한 사람으로서 너무 부끄럽고 미안하다. 부디 우리나라를 용서해 주기 바란다'고 사죄하는 거예요. 사실 그 청년이 대표성을 띠는 것은 아니지만, 그 순간 분위기가 반전됐어요. 사람들은 그 청년에게 '네가 잘못한 게 아니야. 군인들이 잘못한 거고 너희에 대해서는 어떤 원망도 없어'라고 했죠. 저녁 먹기 전까지 하려던 프로그램은 밤늦게까지 사람들의 증언이 이어지면서 끝날 줄을 몰랐어요. 증언이 끝나자, 동티모르 사람들이 너희는 잘못이 없다며 인도네시아 청년들을 안아 주었습니다. 너무나 감동적인 경험이었어요.

화해와 치유는 이렇게 시작될지도 모른다고 생각하며 밖으로 나왔는데, 밤 하늘의 칠흑 같은 어둠이 별빛에 압도되어 있더군요. 적도의 별이 하늘에서 쏟아지듯이 밝게 빛났지요. 소모초라는 마을은 타갈로그라는 부족의 언어를 쓰는데, 별을 '이쁘나까'라고 해요. 당시 교회에는 다니지만 예수는 믿지 않던 한국의 한 청년이 저를 따라 나와서, '이쁘나까'가 참 아름답다면서 자기는 지금까지 기독교가 이렇게 현실적인지 몰랐다고 말하는 거예요. 그리고 그 청년은 그리스도인이 되었어요. 언제부터 사람들은 기독교가 현실과는 상관 없는 무기력한 종교라고 여기게 되었을까요? 사람들이 그렇게 생각하게 된 데에는 그리스도인들의 책임이 큽니다. 저는 예수를 믿는 믿음이 가장 현실적이고 역사적이며 세상을 변화시키는 살아 있는 신앙이라고 믿습니다. 우리와 함께하는 여러 청년들이 평화사역에 동참한 후 그리스도인이 되기도 합니다. 우리는 교회 다니라는 말을 한 번도 한 적이 없어요. 우리는 전통적인 의미의 선교 단체는 아닙니다. 나가서 많은 열매를 얻는 것도 아니지만, 오랫동안 함께 일해 온 사람들이 그리스도인이 되는 건 어쩌면 자연스러울 수 있겠다는 생각이 들었어요. 그래서 저는 복음을 통해 정의와 평화로 갈 수도 있고, 정의와 평화의 문을 통해 세상 사람들이 복음으로 들어올 수도 있다고 생각해요. 양쪽으로 열린 문인 셈이죠."

송강호는 가장 기독교적인 것이 가장 보편적이라는 신념을 가지고 있다. 기독교의 지고지순한 본질은 소위 '기독교적인' 언어나 문화, 종교 생활이 아니라 바로 정의와 평화를 통해 제대로 드러날 수 있다. 정의와 평화는 모든 인류에게 가장 보편적이면서도 가장 절실한 가치다. 그래서 '개척자들'은 말뿐인 복음 전도보다는 오직 정의와 평화사역에 매진한다. 복음이 구체적인 삶으로 드러날 때, 기독교가 세상의 희망이 될 수 있을 것이라고 믿는 까닭이다.

"'개척자들'은 동티모르에서 자랐어요. 그리고 우리는 지금도 그곳에서 많은 것을 배우고 있습니다. 하나님의 평화의 대사가 되기 위해서는 현지인들이 가장 위험한 시점에, 가장 고통스러운 바로 그 현장에 함께 있어야만 한다는 사실을 깨달았습니다. 그래서 전후 우리의 안전이 보장될 때라야만 경쟁적으로 찾아와서 도와주러 왔노라고 소란 피우는 것을 그들이 경멸한다는 것을 알게 되었지요. 아무리 가난하고 궁핍해도 사랑할 수 있는 힘이 있다는 것도 그들을 통해 배웠어요. 그리고 우리가 남을 돕는다는 것은 그들이 사랑할 수 있도록 돕는 것임을 깨달았습니다."

- 개척자들의 10가지 정신

"개척자들(The Frontiers)은 급진적 그리스도인(Christian Radicals)으로서 인류 평화를 위한 정의와 사랑의 실천을 위하여 다음과 같은 10가지 정신을 추구한다."

1. 우리는 가족이나 부족, 민족이나 국가의 이익보다 인류의 정의와 평화를 더욱 소중히 여긴다.
2. 우리는 세계에서 일어나는 심각한 갈등과 분쟁, 재난에 응답하고 동참하도록 힘쓴다.
3. 우리는 화해를 위한 희생을 감수한다.
4. 우리는 고아와 과부와 나그네를 보호하시는 야훼 하나님의 뜻을 따라 이 땅의 소외당하고 차별받는 가난하고 약한 자들을 보호한다.
5. 우리는 거짓을 말하지 않는다.
6. 우리는 비폭력을 추구하며 무기 사용과 군사화에 반대한다.
7. 우리는 유산을 상속받지도 상속하지도 않으며 우리의 소유물에 대하여 청지기적인 삶을 산다.
8. 우리는 공동체적인 삶을 산다.
9. 우리는 그리스도 이외의 어떤 개인이나 집단의 이익과 이데올로기를 강화시키기 위한 충성을 맹세하지 않는다.
10. 우리는 불의한 특권을 거부한다.

2부 다시 강정에서

7. 구럼비, 살아 있는 거룩한 바위
8. 하나님의 부르심
9. 해군기지와 평화의 섬
10. 그는 지금, 다만 있어야 할 곳에 있을 뿐이다

"그는 '복잡한 현실을 품고' 진리를 향해
'가장 단순한 얼굴로' 뚜벅뚜벅 걸어갔다."

7. 구럼비, 살아 있는 거룩한 바위

2005년, 송강호는 인도네시아 수마트라 섬 북단에 위치한 아체에 있었다. 쓰나미로 인해 아체 해안 전체가 물에 잠겼고, 14만 명이 몰살당했다. 수많은 국제 구호 단체가 아체에 들어갔다. 하지만 아체는 쓰나미와 같은 자연 재난 이전에 이미 오랜 분쟁 때문에 더 많은 사람이 비참하게 희생당한 비극의 땅이기도 했다. '개척자들'은 우선 긴급 구호사역을 시작했고, 서서히 사람들의 신뢰를 얻어 가면서 평화사역으로 전환하고자 했다. 이는 '개척자들'이 추구하는 이른바 '변혁적 사역' 방식이었고, 다른 재난 지역에서도 같은 방식으로 사역해 오고 있었다.

"2004년 12월, '개척자들'이 1차로 아체에 파견됐고, 저는 그 이듬해 사역 평가차 들어갔어요. 도착해서 그곳 상황을 보니, 쓰나미로 인해 고아가 된 아이들을 돌보는 집을 지어야겠다는 생각이 들었어요. 그래서 고아원을 짓고 더불어 살아가는 집을 짓자는 취지로 이름을 '루모 무파캇(Rumoh Meupakat)'이라고 붙였어요. 그들 말로 '함께 결정한다' 또는 '함께 산다'는 의미이지요. '함께 결정하는 것'이 '함께 사는 것'을 의미한다는 것이 참 신선했습니다. 희생자들이 함께 모여 더 어려운 희생자들을 돕는 집이 되기를 바랐지요. 아체 사람들의 마음속에는 인도네시아 중앙 정부와의 갈등과 그들에 대한 적개심은 여전했지만, 우리는 아체의 어린아이들에게 '함께 사는 방법'을 이야기해 주고 싶었습니다.

쓰나미로 인해 피해를 입자 게릴라들은 자기 가족들이 살았는지 죽었는지 궁금했어요. 자신이 싸우는 이유가 나라와 가족을 위한 것인데, 가족 소식이 궁금하니까 산악 지대에서 고향으로 내려오고 싶었던 거죠. 하지만 군인이 지키고 있으니 내려올 수는 없고, 전쟁을 지속할 의욕은 점점 감퇴되었어요. 그 와중에 헬싱키에서는 반군 대표들과 인도네시아 정부 대표들이 협상을 하게 되었어요. 오랜 전쟁과 쓰나미 같은 큰 재난을 겪으면서, 누구를 위해 누구와 싸우는 것인지 회의가 들자 피차 평화를 원하게 된 거지요. 인도네시아 보수파가 굉장히 반발하기는 하였지만, 국제 사회가 적극 중재하면서 게릴라들이 내려오기 시작했어요. 그들이 관광버스를 타고 고향을 시찰했어요. 너무 오랫동안 고향을 보지 못해서, 마치 이산가족 상봉하듯 고향에 와서 가족과 친척을 만났던 거죠. 그들을 실은 관광버스가 열 대씩 작은 동네로 들어오는 모습이나 이 사람들이 반납한 총을 큰 경기장에서 절단기로 잘라내는 광경은 이제 더 이상 서로 전쟁이나 무력 투쟁을 하지 말자는 상징적인 의미였죠. 정말 아름다웠어요. 그렇게 아체에 평화의 봄이 찾아왔습니다."

하나님의 사랑은 때로 처절하다. 하나님은 우리의 전부를 부서뜨릴 만큼, 그렇게라도 구원하기를 원하실 만큼 사랑하신다. 그렇게 모든 것이 무너져 내린 절망의 땅에서 하나님은 평화사역을 시작하신다. 아체는 거대한 쓰나미에 전부를 잃은 것처럼 절망했지만, 그로 인해 그들의 땅에는 평화와 화해가 조심스럽게 시작되었다. 우리가 하나님을 희망한다면, 기껏 절망 따위에 좌절하지 않아야 한다.

송강호는 아체에서 제주도가 '세계 평화의 섬'으로 지정된다는 소식을 들었다. 제주도가 평화의 섬이 된다는 소식은, '우리나라가 정말 전쟁 없는 나라가 될 수 있다면'이라는 희망으로 따뜻하게 다가왔다. 1990년, 소련의 고르바초프가 제주도를 전격 방문했다. 세계 냉전 시대가 막을 내리는 전조였고, 우리에게도 파격적인 사건이었다. 그리고 이듬해 6월, 제주국제협의회 창립 기념 학술회의에서 "동북아 질서와 제주도: 평화의 섬 구상을 위한 제안"이란 논문이 발표되었다. 2001년부터 국내외 학자들이 모여 제주 평화포럼을 정기적으로 개최하였고, 제주국제평화센터가 건립되었다. 그리고 2005년, 제주도는 '세계 평화의 섬'으로 지정된다. 이 선언은, 단지 제주도가 동북아시아의 지정학적 중심에 있기 때문에 가능했던 것이 아니다. 제주도는 오랜 세월 비극의 땅이었기에, 그만큼 평화가 절실한 땅이다. 우리나라의 가장 비극적 사건이었던 4.3 항쟁의 상흔은 아직 온전히 치유되지 않았다. 섬 사람들은 아직도 육지 사람에 대한 마음이 편치 못하다. 제주도민은 아직도 그 사건을 선뜻 말하지 못한다. 해마다 그날이 되면 온 마을이 제사를 지내는, 잔인하고 모진 슬픔에 대한 기억은 이 땅에 그토록 평화가 필요한 이유를 역설적으로 말해 준다.

"'제주도에 꼭 가봐야지. 어쩌면 제주도가 내가 바라는 희망의 땅이 될지도 모르겠다'는 생각이 들어, 아체에서도 제주도가 자꾸 아른거렸습니다. 그러던 중 드디어 2006년 봄에 제주도로 왔어요. 제일 먼저 간 곳이 4.3 평화기념관이었어요. 당시 정부가 공식적으로 사죄하긴 했지만, 4.3 항쟁은 여전히 제주도민에겐 치유되지 않은 상처로 남아있지요. 기념관을 쭉 돌아보면서 제주의 역사에 대해 더 깊이 관심을 갖게 되었죠. 그 이듬해인 2007년 강정에서 분쟁이 났을 때도 잠깐 들렀던 적이 있었지만, 외국에서 활동하느라 바빠서 틈날 때만 잠깐씩 올 수 있었어요.

강정마을은 그저 농사를 짓거나 밀감을 재배하고 나이 지긋한 해녀들이 바다를 지키는 평화로운 마을이었습니다. 그런데 2007년 대한민국 정부는 느닷없이 강정 앞바다를 메워 커다란 항구를 만들어 해군기지를 건설하겠다고 발표를 했어요. 제가 방문했던 2007년 당시만 해도, 강정의 분위기는 지금과 사뭇 달랐어요. 마을 주민들이 200-300명씩 모이고, 집집마다 해군기지 반대 깃발들이 꽂혀 있었죠. 저를 보고 주민들은 예의상 인사는 건넸지만, 사실 당신이 와 봤자 무슨 도움이 되겠느냐는 분위기였어요. 한편으로는 육지 사람에 대한 신뢰가 없기도 했지만, 또 다른 한편으로는 이렇게 많은 사람이 반대하고 자신들의 주장이 정당하니 반드시 이긴다는 자신이 있었던 거죠. 그러니 저도 그저 '손님'일 뿐이었죠."

주민들은 너무 순진했다. 그들의 낙관은 정당했으나, 오래 지나지 않아 허물어지기 시작했다. 상대는 치밀했고, 영악했고, 게다가 권력을 장악하고 있었다. 그들에겐 너무 버거운 상대였다.

"해군은 마을의 미래와 전체 주민의 이해가 걸려있는 해군기지 유치 문제를 불과 며칠 만에 속전속결로 처리하였어요. 이 기간 중 해군기지 건설 사업에 대한 단 한 차례의 설명회나 공청회도 없었어요. 해군은 해녀들에게 바다 조업을 포기하는 조건으로 1억씩 주기로 약속하고, 일부 주민들을 비밀스럽게 회유하여 마치 마을 주민들 대다수가 해군기지 건설을 찬성하는 것처럼 위장했지요. 대다수 마을 주민들이 해군기지 사업의 실체를 정확히 인지하기 전에 열렸던 임시 마을총회에서 해군기지 건설 유치가 의결되었어요. 그것도 단 87명이 모인 사람들의 박수로요. 이 총회는 마을 향약에서 규정한 회의 소집 공고일도 위반하는 등 숱한 절차상 하자가 있었죠. 뒤늦게 해군기지의 실체를 안 주민들은 임시 총회를 밀어붙인 마을회장을 탄핵하고 새로운 마을회장을 선출하여 제대로 된 총회를 개최했죠. 그리고 전체 주민의 69퍼센트가 투표에 참여해서, 유효 투표수의 94퍼센트가 해군기지 건설 반대를 결의했어요.

하지만 해군은 이를 무시했고, 마치 군사 작전을 방불케 하는 일방적인 방법으로 군사기지 건설을 강행했습니다.

마을 공동체는 처참히 무너지기 시작했어요. 대대로 가족처럼 지냈던 강정마을 주민들은 해군기지 건설로 인해 찬성과 반대파로 나뉘어 대립과 반목, 갈등과 분쟁을 겪은 나머지 이제는 서로 경조사조차 찾아가지 않는 원수가 되어 버렸어요. 서로 다른 입장 차이 때문에 부모와 자녀가 갈라섰고 형제들 간에도 서로 내왕을 끊었지요. 강정마을에 들어서면 반대측 주민들은 노란 바탕에 검은 글씨로 '해군기지 결사 반대'가 쓰인 깃발을, 찬성 측은 태극기를 긴 대나무 장대 위에 걸어두어 마치 전쟁 출정식을 연상케 하는 비장함마저 느끼게 됩니다.

전쟁을 막고 평화를 지키겠다는 군대가 오히려 분쟁과 갈등을 일으키는 모순된 상황인 것이지요. 그 안에서 주민들만 극심한 고통을 앓았어요. 해군은 오직 기지 건설을 성공시키는 데에만 집착한 나머지 이 문제로 인해 주민들이 싸우든, 마을이 파탄이 나든, 자연 환경이 파괴되든 전혀 개의치 않는 것처럼 보여요. 문화재청이 지정한 천연기념물들과 멸종 위기에 놓인 희귀 동식물들이 수두룩한 생태계의 보고 강정 앞바다를 메워버리고 그 위에 육중한 포탄과 대포들로 무장한 거대 군함과 핵잠수함, 항공모함까지 들락거리는 군항을 만들려고 하는 거죠.

2009년부터 상황이 악화되기 시작했어요. 거기에는 여러 가지 이유가 있는데, 마을 사람들이 반드시 이길 거라고 확신했던 재판에서 패소한 것이 컸습니다. 주민들이 제기한 '국방·군사 시설 실시 계획 승인 처분 무효 확인 소송'은 일부 승소하기도 하였으나, 해군은 이에 아랑곳하지 않고 도지사에게 강정마을의 절대보전지역 지정을 해제해 달라고 요청했어요. 그리고 제주도의회는 이를 날치기 처리하였죠. 그리고 2010년 제주지방법원은 주민들이 제기한 '절대보전지역 변경 처분 효력 정지 및 무효 확인 소송'을 '원고 자격이 없다'는 이유로 각하하였어요. 상식적으로 납득이 안 될 정도로 법원은 명백히 정부의 편을 들고 있었습니다. 그리고 마침내 국회에서는 제주 해군기지 건설 예산을 포함한 2011년도 예산이 날치기 통과되었어요. 주민들은 자신들의 억울함을 호소할 법적 기구가 없어지자 급격히 동력을 잃었습니다. 2010년 제주도지사 선거에서는 해군기지를 반대하는 주민들 사이에서 의견 충돌로 분열이 생기기 시작했어요. 당시만 해도 활동가들이 도왔던 것이 아니었거든요."

당시 해군기지를 반대하던 주민들 사이에선 평화적인 시위 개념에 대한 논쟁이 있었다. 한쪽에선 합법적인 투쟁만이 평화적인 투쟁이라고 생각했고, 다른 쪽에선 폭력적인 방법을 쓰지는 않되 법적 테두리는 넘어설 수 있다고 주장했다. 결국 합법적인 투쟁을 주장하는 유화적 반대파와 폭력은 쓰지 않지만 초법적으로 반대 운동을 전개하려는 강경 반대파로 나뉘었다. 2010년도에 있었던 도지사 선거에서 유화적 반대파가 정치인들에게 이용당하면서 상황은 점점 악화되었다. 결국 해군기지 건설이 공식화되면서 유화적 반대파는 강경 반대파들에게 설득되었지만, 마을은 이미 의욕을 상실해 가고 있었다. 송강호는 무엇보다 그것이 마음 아팠다.

"2011년 1월에 양윤모 씨가 살았던 중덕사라는 구럼비의 비닐하우스에서 지냈어요. 일주일을 지내면서, 제가 이 마을을 위해 할 수 있는 일이 뭘까 생각했죠. 전에 찾아왔을 때와 달리 마을의 분위기는 완전히 가라앉아 있었거든요. 중덕사에 있으면 밤마다 마을 주민인 김종환 형님과 고종인 씨가 찾아와서 추운데 어떻게 지내냐고 물으시며 전열기도 갖다 주시는 등 여러모로 신경 써 주셨어요. 종환 형님은 혼자 막걸리를 드시면서 우리가 동력을 다 잃었다고 한탄했어요. 그분은 밤마다 와서 푸념을 하시고는 라면이나 찌개를 끓여 놓고 가시기도 했지요. 그렇게 일주일을 보내다 제주에서 돌아와 양평에서 지내는데, 마을 주민들의 의분이 사라진 현실을 안타까워 하던 종환 형님의 한탄 소리가 귀에 계속 쟁쟁한 거예요. 그 목소리는 마치 불의한 강자 앞에 무릎을 꿇고 입에 재갈을 물려 아무 말도 할 수 없는 억울한 약자의 신음소리로 마음속에 울렸습니다.

하나님 나라는 정의와 평화의 나라인데, 하나님 나라와 의를 구하는 사람이라면 이 땅에서 정의가 불의를 이길 수 있도록 기도해야 하는 게 아닐까 생각했어요. 싸울 힘은 없지만, 적어도 기도는 할 수 있으니까요. 해군기지 유치 찬성과 반대로 나뉘어 서로 장례식에도 안 가고, 결혼식도 따로 하고, 조카가 삼촌을 죽이겠다고 할 정도로 서로 갈기갈기 찢어진 마을의 화해와 평화를 위해 기도하는 것이 그리스도인으로서 마땅히 해야 할 일이 아닐까 생각했지요. 사실 이 마을이 다시 싸워서 이기리라는 희망은 보이지 않았어요. 단지 아무도 찾아오지 않는 구럼비에서 하나님 나라의 의를 위해 기도해야겠다는 생각을 한 거죠. 구럼비에는 꼭 무대처럼 생긴 장소가 하나 있는데, 새벽에 와서 보면 그 텅 빈 공간에서 무릎 꿇고 기도하고 싶은 마음이 생기는 곳이에요. '개척자들'은 평소 침묵으로 기도하지만, 거기서는 처음 그리스도인이 되었을 때처럼 목놓아 기도해야겠다는 마음이 절로 우러났지요. 아무도 듣는 이가 없으니 원 없이 말이죠."

8. 하나님의 부르심

"가능한 한 빨리 돌아가려고 했는데 자꾸 이 일 저 일로 미뤄지다가, 어느 날 '평화와 통일을 여는 사람들'(이하 '평통사')* 총회에서 초대장이 왔어요. '평통사'에 아는 사람이 하나도 없는데 말이죠. '평통사'야말로 정통 민주화 운동을 했던 곳인데, 저는 그런 경험이 전혀 없었거든요. 어떤 단체인지 구경이나 해야겠다는 생각으로 참석했는데, 거기에 양윤모 씨가 온 거예요. '아, 저분이 중덕사의 주인이구나. 주지가 와 있네!' 하고 반가워했죠. 그런데 양윤모 씨는 거기서 '어서 강정으로 오라'며 목청껏 호소하는 거예요. 그의 절절한 호소는 제 양심을 뒤흔들었습니다. 그때가 2월 중순이

---

* '평화와 통일을 여는 사람들'은 우리나라 최초의 평화운동 단체라고 할 수 있는 '반핵 평화운동 연합' '새로운 평화운동 대중 단체' '평화와 통일을 위한 연대 회의'가 통합하여 1994년에 결성된 단체다.

었는데, 저는 만사를 제쳐두고 하루빨리 강정으로 돌아가야겠다고 결심했습니다. 그리고 곧장 강정에 돌아와 '개척자들' 형제들과 다시 중덕사를 지켰는데, 주민들이 무척 좋아하셨지요. 다 졌다고 생각했는데, 당신들이 와서 다시 희망을 갖게 되었다고 말이죠."

송강호가 강정에 머물게 된 것은 양윤모란 사람의 영향이 크다. 양윤모 감독은 제주 출신의 영화감독이자 영화평론가다. 그는 2011년 4월, 해군기지 반대 운동 과정에서 구속되어 제주교도소에 수감되었다. 첫 번째 구속 중에는 71일간, 그리고 이듬해 두 번째 구속 중에는 42일간 옥중에서 단식 투쟁을 벌이기도 했다. 그는 구속되기 전까지 3년간 구럼비 바위에서 천막을 치고 그곳을 중덕사라 이름 짓고 살았다. 구럼비는 그의 심장이고 호흡이었다. 양윤모는 송강호에게 또 한 명의 '의미 있는 타자'였다.

"저는 어느 순간 누군가가 던지는 이야기가 가슴을 때릴 때, 하나님의 부르심이 아닌가라는 생각을 종종 해요. 하나님이 그 사람을 통해서 저에게 전달하시려는 음성이 아닐까 생각하죠. 그날 양윤모 선생님의 간절한 호소는 제 맘속에서 '왜 네가 해야 할 일, 하려고 마음먹었던 일들을 미루고 있느냐'는 질책으로 다가왔기 때문에, 이런저런 이유와 핑계들이 많았지만 가능한 한 빨리 정리하고 내려온 거예요. 물론 이 일이 길어질 수도 있다는 느낌이 오긴 했지만, 그래도 일단 해야 할 모든 일을 뒤로 미루고 강정에 왔어요. 그리고 벌써 일 년이 지났네요.

당시 상황에서는 투쟁을 생각하기 힘들었고, 저는 기도하러 온 거라 제가 할 일은 구럼비에서 밥 먹고 기도하는 것이었어요. 아침, 점심, 저녁 세 차례 기도하려 했는데, 점심 때는 사람들이 왔다 갔다 하더라고요. 무대에서 기도하는 게 멋쩍어서 그냥 아침과 해질 무렵에 기도하다 보니 하루 종일 시간이 많아 한가하게 지냈죠. 그래도 동료들이 와 있으니, 일단 3개월 동안 지내야 할 집을 이 근처에 구하게 됐어요. 우리 팀은 대개 한 번에 일 년 정도 예상하고 사역을 하는데, 당시에는 상황이 어떻게 될지 모르니까 우선 3개월 계약으로 왔거든요. 그래서 허물어져 가는 집을 고쳐서 살다가 주민들의 권유로 지금 사는 집으로 오게 되었지요. 처음엔 마을 사람들 반응이 시큰둥했어요. 그런데 한 달 정도 지나니까 서서히 마음을 열기 시작하더라고요. 오랫동안 함께 지내면서 마을에 도움을 주려는 사람들로 여기는 것 같았어요.

양윤모 씨가 3월 중순쯤 마을에 나타났어요. 그러다가 4월 6일부터 해군기지 공사가 본격적으로 시작됐는데, 부산에서 온 우창이라는 공사 하청업체 직원이 차를 타고 갈 때 양윤모 씨가 돌을 던졌어요. 그런데 기가 막히게도 달리는 차의 열린 창문으로 돌이 들어가 사람이 맞은 거예요. 그래서 그날 양윤모 씨는 구속이 됐죠. 제가 그분을 잘 몰랐으면 '저 사람 폭력적이다'라고 생각했을 텐데, 그분은 그런 사람이 아니거든요. 해군기지에 가서 따지는 것을 보면 아주 논리적이었어요. 평소에는 양처럼 순한데다, 구럼비를 껴안고 어머니의 치맛자락 같지 않냐고 묻는 분이에요. 구럼비를 정말 사랑하는 분이지요. 그분은 영화평론가 협회장까지 지낸 분이었지만, 자연을 지켜야 한다는 것이 그의 인생의 지론이었고, 고향인 제주도에 돌아와서 구럼비를 지켜야겠다는 마음을 갖게 되었다고 합니다. 자연에 대한 그런 애정 때문에, 다른 한편으로는 자연을 파괴하는 사람을 향해서는 맹수로 돌변하는 양면성을 갖게 된 거죠. 결국 그분이 폭행을 당하면서 끌려갔는데, 공교롭게도 그날 기독청년아카데미 청년들이 와 있었어요. 청년들이 그가 끌려가는 모든 과정을 스마트폰으로 실시간 중계를 했어요. 이 사건이 트위터로 일파만파 퍼졌지요.

그분이 붙잡혀 가던 날, 텅 빈 중덕사에서 '그래, 형님이 정말 지키고 싶어 했던 것을 돌아오실 때까지 지켜드려야겠다'는 생각을 했어요. 그래서 그분을 위해서도 매일 기도했죠. 그분은 옥중에서 단식을 시작하셨어요. 그분의 생명이 위험한 상황으로 치달으면서 그 진정성이 느껴졌죠. 단순한 객기가 아니라 간절함이 느껴졌고, '형님이 안 계시는 동안 내가 중덕사를 지켜야겠다. 형님이 오시면 그만두지만, 그때까지는 내가 그분이 한 일을 대신해야겠다'고 마음을 먹은 거죠. 그때까지만 해도 기도만 했는데 비로소 행동하기 시작한 거예요."

행동하기 시작한 송강호는 '투사' 같았다. 단순히 양윤모 감독의 자리를 대신하겠다고 했지만, 그는 훨씬 더 무모했고 저돌적이었다. 포크레인을 막아서고 점령했다. 시멘트를 부으면 그리로 뛰어들었다. 해군기지 공사를 수주한 삼성과 대림 건설의 중장비들이 사납게 몰려올 때, 그는 비닐하우스 꼭대기에 쇠사슬을 걸어 목에 둘렀다. 쇠사슬을 강하게 틀어쥐며 버텼고, 그의 다리를 성공회 김경일 신부가 붙잡았다. 극단의 상황에서도 그는 태연했고 평온했으며 한편으론 유쾌했다. 그러자 중장비들은 포기하고 물러섰다. 작은 승리였지만, 어떤 사람들은 충격을 받았고 어떤 사람들은 기쁨을 만끽했다. 동료들과 주민들이 그러다 죽을 수도 있다며 걱정할 때, 그는 속으로 '너, 정말로 해군기지를 막기 위해서 목숨까지 바칠 각오가 되어 있어? 너, 정말 각오가 된 사람이야?'라고 자문했다.

"저는 종종 극적인 상황에서 모든 것이 배제된 단순한 질문과 대답이 떠오르곤 했는데, 그날도 마찬가지였어요. 쇠사슬을 목에 두른 채 거대한 중장비들이 들이닥치는 긴박한 상황에서 갑자기 이런 생각이 들었어요. '만약 해군기지가 만들어져서 또 다른 전쟁을 위한 불쏘시개가 된다면, 그리고 나의 희생이 사람들의 저항으로 이어져 전쟁으로 가는 길을 막을 수만 있다면, 그 전쟁으로 인해 희생될 수많은 생명들을 구할 수만 있다면, 왜 이 한 목숨 바칠 수 없는 걸까? 길에서도 수많은 사람이 교통사고로 죽고, 병원에서도 수많은 사람이 죽음을 기다리는데, 이렇게 의미 있고 값진 일을 위해 내 한목숨 바칠 수 있다면 그게 어떻게 아까운 일일 수 있겠는가?' 저의 대답은 분명했어요. '전쟁을 막을 수만 있다면 내 목숨을 기꺼이 바칠 수 있다. 나를 폭파시킬 수 있고, 나를 시멘트로 덮으라고 말할 수 있다. 내가 죽을 자리는 바로 저기야!' 결론은 이미 정해진 거죠."

박노해 시인이 노래한 것처럼, 그는 '복잡한 현실을 품고' 진리를 향해 '가장 단순한 얼굴로' 뚜벅뚜벅 걸어갔다. 그는 언젠가 다음과 같이 썼다.

"우리는 지금 하나님 나라를 위해서 우리의 시간과 물질, 노력과 정성을 바치고 있다. 그리고 언젠가 결정적인 순간, 마지막에 남을 우리의 목숨까지 바칠 수 있는 시간이 오기를 기다리고 있다. 나는 이런 기다림 속에서 비로소 초대교회 성도들이 순교를 위해 기대하고 기도하였다는 것이 무슨 뜻인지를 깨닫게 되었다. 우리들에게도 예수님이 피하실 수 없었던 그 운명의 잔이 돌아올 것을 예상하고 기다리자. 그때, 그날이 오면 우리의 찬란했던 생애에 대한 찬미와 우리를 사랑했던 모든 사람들에 대한 감사의 축배를 들며 그리스도의 증인으로서의 마지막 순간을 장렬하게 살자. 우리의 죽음이 우리 생애의 절정이 되기를 바란다. 어차피 우리는 죽었고 지금 우리가 사는 생애도 덤으로 받은 은혜의 일부이니까. 유비무환(有備無患)은 삶을 위해서뿐 아니라 죽음을 위해서도 필요한 말이다. 후회 없을 죽음을 준비하자."(월간 "개척자들", 2005년 2월호)

송강호는 강정마을을 분열과 갈등으로 몰아넣은 해군의 영향력을 철저히 막아내고, 해군기지 건설에 대한 찬성과 반대를 떠나 마을 주민들이 다 함께 모여 공동체의 운명을 결정하도록 하지 않는 한, 강정마을의 화해와 평화는 불가능하다고 보았다. 그에게 해군기지 저지를 위한 투쟁은 이제 피할 수 없는 운명이 되었다.

"아침마다 구럼비에서 하나님께 용기와 지혜를 달라고 기도했어요. 이 불의하고 불법한 분열의 영을 막아내지 않으면, 이 마을에 계속 유입되는 악의 기운을 차단하지 않으면, 이 마을 사람들 스스로는 화해와 평화를 만들 수 없어요. 제가 처음에 이곳에 와서 가졌던, 중재자의 입장으로 화해와 평화를 이루고 싶다는 희망은 너무 순진무구하고 비현실적이고 형식주의적인 희망이었어요. 해군은 너무 강력해요. 해군기지에서 갈등과 분열의 에너지가 계속 솟구쳐 나오기 때문에 그것을 막아야 해요. 이 분열의 영을 근원적으로 차단하지 못한다면 마을 주민들만으로는 이 분열을 해결해 낼 수 없을 겁니다."

하나님은 불의와 폭력의 땅에서 고통받는 백성들과 함께 계시다. 하나님의 뜻은 불의와 폭력의 땅에서 정의와 평화를 꿈꾸게 한다. 그리하여 세상의 모든 정의는 연대하여 평화를 이루어낸다. 송강호는 강정마을 사람들의 마음을 얻었고 그들의 친구가 되었다. 송강호뿐만이 아니다. 해군기지를 반대하는 수많은 사람들이 강정으로 몰려들었고 일부는 마을에 눌러앉아 강정마을 주민으로 살고 있다.

9. 해군기지와
평화의 섬

어떤 사람들은 해군기지 건설을 반대하면서도, 초법적인 투쟁을 하는 이들을 비판하기도 한다. 평화를 만들러 온 사람이 왜 법을 안 지키냐고 묻는다. '외부' 활동가들에게 제발 나가라고 하는 이들도 있다. 하지만 진짜 외부 세력은 평화의 섬 제주에 해군기지를 건설하려는 자들이다. 세계적 석학 노암 촘스키 교수(미국 MIT)는 옥중 단식 중인 양윤모 감독에게 연대의 메시지를 메일로 보내 왔다.

> "평화의 섬이어야 할 제주도에서, 이미 심각한 수준의 군사 경쟁 악화를 초래할 뿐인 해군기지 건설을 위한 지속적인 제주도 파괴 행위에 저항하는 분들께 깊은 경의를 표합니다. 그리고 무엇보다도 대한민국 국민들과 주변 국가 국민들 및 전 세계에 불길한 재앙을 가져올 정책에 반대하여 옥중 단식을 하는 양윤모 선생의 용기와 헌신에 특별히 경의를 표하고 싶습니다."

촘스키 교수는 무엇보다, 해군기지 건설이 초래할 이 지역의 분쟁 위험성을 우려하고 있다. 다른 인터뷰에서 그는, 유네스코 문화유산으로 등재된 아름다운 환경을 지키려는 노력이 중요하다는 점을 강조하면서도, 군사기지 건설이 결국 국제 사회의 군사적 긴장을 증가시키고 전쟁, 특히 핵전쟁의 위협을 증가시킬 가능성을 우려한다. 즉 제주 해군기지 건설은 미국이 중국을 견제하고 미국령으로 간주해 온 태평양 지역을 유지하기 위한 의도임을 확신하고 있다.* 송강호의 견해 역시 맥락을 같이한다.

"전쟁은 정말 무시무시한 거예요. 그러니 지금의 투쟁이 아무리 힘들더라도 전쟁보다는 더 쉬운 거죠. 저는 여기서 사람들이 두려워할 때, 뭐가 두려우냐고 해요. 이 사람들은 그래도 최소한의 룰은 지키잖아요. 죽이지는 않거든요. 죽지 않는 싸움은 해 볼 만한 싸움이에요. 감옥에 집어넣는다고 하지만, 감옥에 들어가는 게 꼭 나쁜 것만도 아니에요. 물론 감옥이란 경험은 불쾌한 거지만, 그런 경험을 통해 배우는 것도 많고 얻는 것도 많아요. 감옥에서 전하는 메시지들은 호소력도 있어요. 그리고 감옥에 있으면 마치 제물로 드려진 것 같거든요. 그런 여러 가지를 감안할 때, 이 싸움은 해 볼 만한 싸움이에요.

대부분의 분쟁 지역은 전쟁이 진행되는 상태에 있죠. 이런 곳엔 접근도 힘들고 구호사역도 힘들어요. 위험성도 극도로 높죠. 물론 그런 땅에

---

* http://youtu.be/5laCn5I5Ey4 참조.

서도 해야 할 일은 있어요. 평화 활동가라면 기꺼이 해야만 하는 중요한 일이지만, 그 영역은 상당히 좁다는 거죠. '개척자들'은 지금까지 주로 이런 전쟁이 끝나고 나서 살얼음판 같은 평화가 시작된 상황에서 활동해 왔어요. 동티모르나 아체는 대체로 분쟁 이후의 상황이었죠. 그런데 제주도의 경우는 분쟁이 시작되기 전, 즉 앞으로 거대한 전쟁이 예상치 못한 방식으로 야기되기 전의 준비 단계라는 거죠. 여기에는 우리가 개입할 수 있는 여지가 상당히 많아요. 전쟁과 같은 재난이 발발하고 나서 뒷수습을 하는 것보다는 지금 단계에서, 무언가 전쟁의 가능성을 무력화시킬 어떤 가시적인 행동을 해야 합니다. 해군기지 건설 사업이 중단된 경우 후유증이 없진 않겠죠. 하지만 전쟁의 후유증과는 비교할 것이 못됩니다."

정부와 해군 당국은 전쟁을 일으키지 않기 위해 해군기지를 건설한다고 주장한다. 그러나 촘스키가 의심하듯, 중국은 제주도의 해군기지 건설을 다분히 미국의 대 중국 포위 전략의 일환으로 의심할 가능성이 농후하다. 왜 정부는 그런 무리수를 강행하려는 걸까? 제주도를 평화 완충 지대로, 그리하여 명실상부한 평화의 섬으로 만드는 것이 한반도 전체의 평화를 지키는 더욱 효과적인 전략 아닐까? 바로 정부 스스로 밝힌 '세계 평화의 섬' 지정 이유가 그런 것 아니었는가? 송강호는 정부의 무리수 이면에는 어떤 이해관계가 깔려 있을 것이라고 의심한다.

"정부는 제주도에 '평화의 섬'이란 이름만 붙이고 아무런 담론을 만들어

내지 못했어요. 그리고 방위산업이란 명분 아래 거대 재벌들의 상업자본을 비호하죠. 자본주의와 돈과 칼이 같이 가고 있어요. 실제로 칼은 돈을 지키고, 돈은 칼을 만들어 줘요. 현대사회에 속한 모든 사람을 구속하는 가장 큰 양대 축이 바로 돈과 칼이고, 재벌과 군벌이라고 생각해요."

화평케 하는 자로 부름받은 그리스도인들도 무력하긴 마찬가지다. 제주도에 있는 교회들도 대부분 해군기지 건설에 찬성하거나 입장을 유보하고 있었다. 반공 이데올로기를 신념으로 가지고 있는 '일부' 교회들은, 강정 해군기지를 반대하는 그리스도인들을 원색적으로 비난하기도 하였다.

"물질 번영 이데올로기와 안보 이데올로기는 권력을 쥐고 있어요. 정부와 군부, 정부와 재벌은 서로 결탁하여 서로의 이권을 비호하고 정당화하죠. 교회도 마찬가지예요. 우리나라의 경제 성장 과정에서 수많은 주류 교회들이 권력과 결탁했습니다. 그 이데올로기를 섬기면서 반대급부를 누리며 급성장하였지요. 안보라는 가치 앞에서는 야훼 하나님만을 섬기겠다는 우리의 기본적인 신앙조차도 내려놓죠. 국가가 있어야 신앙도 있고 교회도 있는 게 아니냐고 하는데, 그건 성경적이지도 역사적이지도 않아요. 그런데 교회조차도 그런 국가 안보 논리가 이데올로기로 깊이 뿌리박혀 있어요. 그리고 경제적 가치가 신앙의 가치를 상회하죠. 교회의 본질적인 사명과 가치를 땅바닥에 내려놓고, 세상을 지배하는 이데올로기를 기독교적으로 채색해서 수용해 버리는 거예요. 교회 자체가 철저하게 세속화되어서 세상의 가치를 기독교로 포장해 내는 거죠.

기독교의 핵심 가치는 그런 폭력과 재화가 아니라 정의와 평화, 기쁨이라는 말에 담긴 생명과 자유거든요. 그런 점에서 제주도가 '세계 평화의 섬'으로 명명된 것은 의미가 있어요. 그런데 이것을 주도한 정부가 도리어 이곳에 군사기지를 만들려고 하죠. 한반도는 동북아시아의 지정학적 중심에 있기 때문에, 항상 냉전과 갈등과 분쟁의 한복판에서 군 요새나 병참 기지 역할을 했어요. 그래서 참혹한 비극도 겪어야 했고요. 이제 제주도는 열강들의 각축장 속에서 평화를 만들어 내는, 평화의 섬이 되어야 합니다."

송강호는 제주도가 비무장 평화의 섬이 될 수 있기를 간절히 바라고 있다. 그는 제주도에 해군기지 건설이 중단될 뿐만 아니라 이미 제주도에 주둔하고 있는 해병대와 공군기지들까지 모두 육지로 철수시켜야 한다고 주장한다.

"일본군 비행장이었다가 현재 국방부로 관할권이 넘어간 모슬포의 알뜨르비행장도 구럼비와 더불어 평화의 공원으로 바뀌길 소원합니다. 온 세상에 평화를 노래하고 춤추고 가르치고 전파하는 평화의 공원이 되어야 합니다. 제주도가 또다시 비행장과 해군기지에 가공할 파괴력을 가진 폭탄들을 장착한 폭격기와 군함, 핵잠수함이 들락거리는 '가라앉지 않는 항공모함'*이 되지 않기를 원합니다. 제주도만이라도 군사기지나 군인 없는 비무장 평화의 섬이 되어, 멀지 않은 훗날 대한민국 전체를 비무장 평화 중립 국가로 이끄는 예인선이 되기를 희망합니다. 중국과 미국, 일본과 러시아 사이에서 중재와 조정을 통해 동북아시아의 평화를 견인해 나가는 것이 우리나라의 시대적 사명입니다."

• 일본은 강점기에 중국과의 전쟁을 내다보며 제주도를 '가라앉지 않는 항공모함'이라고 불렀다.

10. 그는 지금, 다만 있어야 할 곳에 있을 뿐이다

강정마을에도 교회가 있다. 1,900여 명의 강정 주민 가운데 250명 이상 출석하는 교회가 있었다. 아름다운 예배당에 평판도 좋은 교회였다. 알코올 중독자가 술을 끊고, 아내를 구타하던 사람이 순한 양으로 바뀌었다. 그 교회를 다니면 '사람 된다'는 소문이 돌았다. 그러나 그 교회는 해군기지 건설이라는 파고 앞에 너무나 무력했다. 교회는 매번 평화를 말하지만, 평화를 만드는 사람을 길러내는 역할에는 소임을 다하지 못했다. 또 지역사회에서 평화를 어떻게 만들어 내야 하는지도 몰랐다. 불의에 둔감했고 안보 번영 이데올로기에 순응했다. 마을회장이 90여 일간 감옥에 갔다 나왔지만 교회는 끝내 그를 찾아가 위로하지 않았다. 교회는 결국 반 토막이 나고 분열되는 아픔을 겪지 않을 수 없었다.

"어떤 면에서 강정교회는 한국교회의 축소판이라고 할 수 있지요. 얼핏

보면 한국교회가 보란 듯 성장한 것 같지만, 재개발과 같은 사회 문제 앞에서는 바른 목소리를 내지 못했어요. 용산 남일당 철거민 참사를 방관했던 교회들이 그랬습니다. 재개발조합장이었던 사람도, 불타 죽은 세입자도 모두 같은 교회를 다니는 그리스도인이었습니다. 르완다의 그리스도인이 90퍼센트라고 자랑하지만 그게 다 '헛거'라고 생각해요. 우리나라 국민의 25퍼센트가 기독교인이라고요? 모두 '헛거'죠. 아프리카에 전파된 기독교는 제국의 기독교였어요. 병든 기독교였죠. 마치 어떤 사람이 피가 너무 필요해서 수혈을 받아야 하는데 그 피가 에이즈 환자의 피였던 것처럼요. 그 피를 받으면 당장은 살 수 있지만 에이즈라는 질병에 조금씩 죽어가는 거죠.

건강한 기독교의 바로미터는 '그 교회가 정의를 말하고 있는가? 그 교회가 평화를 위해 실천하고 있는가?'입니다. 이 질문에 행함과 진실함으로 응답하지 못한다면, 그것은 병든 기독교입니다. 마치 식민지 시대의 교회들이 출애굽기를 제대로 설교할 수 없었던 것처럼 말이죠. 우리뿐만이 아니에요. 네덜란드의 식민지로 있었던 인도네시아도 그랬고, 아프리카도 마찬가지였어요. 정직하게 말씀 그대로를 선포하고 실천하지 않는 기독교는 분쟁이 일어났을 때 모래 위에 지은 집처럼 겉모양만 있을 뿐 오래가지 못해요. 반석 위에 지은 집과 모래 위에 지은 집의 차이는 말씀을 듣고 행하는 거잖아요. 말씀을 듣고 행하는 것이 진정으로 믿는 거죠. 인도네시아의 목사들은 동티모르를 온갖 폭압으로 통치하던 자신들의 정부에 대해 침묵했어요. 동티모르가 독립하는 과정에서, 동티모르의 목사들은 자신들을 독립에 찬성할 위험한 인물들이라고 경찰에 고발한 인도네시아의 목사들을 배신자라고 불렀어요. 그래서 동티모르 지역에 있던 인도네시아의 교회들은 다 불타 버렸어요. 수아이나 말리아나 같은 곳에 가면 불타서 폐허가 된 교회들이 있어요. 텅 비어 있거나 가축들이 거하는 처소가 되었죠. 옛날이야기가 아니에요. 돈 리처드슨(Don Richardson)이 쓴 「화해의 아이」(Peace Child, 생명의말씀사 역간)를 보면 파푸아 선교사들의 열정적인 선교 이야기가 나오잖아요. 그런데 그런 파푸아의 선교 현장에도 정의에 대한 가르침이 빠져 있어요. 왜냐하면 인도네시아가 파푸아를 통치하기 위해, 교회에서 정의를 말하는 선교사나 목사들에게 압박을 가하거든요. 파푸아가 어느 지역보다도 그리스도인이 많지만, 다 허사죠. 단적으로 말하자면, 파푸아의 수많은 그리스도인이 지은 교회는 모래 위에 지은 집이라는 거죠."

송강호는 단지 강정 때문에만, 해군기지 건설로 파괴되고 있는 구럼비 바위 때문에만 이곳에 와 있는 것이 아니다. 쇠사슬을 몸에 둘러 저항하고, 바다에 뛰어들고, 구타당하고, 온갖 모욕을 당하고, 감옥에 갇히고, 때로 죽음까지도 마다하지 않는 것은 오직 하나님 나라 때문이다. 정의와 평화의 가치는 오롯이 하나님 나라의 표상이다. 정의가 꺾이고 평화가 스러질 때, 그는 더욱 그곳을 떠날 수 없었다. 맞고 찢기고 멍들고 상처 나고 잡혀갈 수 있겠지만, 물러설 수는 없었다. 평화에 대한 희망이 아득해질 때, 오히려 그는 그곳에 있어야 할 이유를 찾았다. 그는 지금, 다만 있어야 할 곳에 있을 뿐이다.

"하나님의 일은 그리스도인이 하는 게 아니에요. '하나님의 일이니 그리스도인끼리 하자'라고 말하는 사람은 아직도 하나님의 일이 뭔지 모르는 사람이에요. 편견을 넘어 살아 역사하시는 하나님을 볼 수 있어야 합니다. 제도화된 교회, 권력과 결탁한 교회, 불의에 침묵하는 교회가 우리를 하나님의 길로 이끄는 게 아니에요. 오직 정의와 평화라는 가치가, 그 가치의 빛이 우리를 하나님께로 이끌어 가는 거죠. 성경 공부나 기도와 같은 행위는 도구적 가치라고 생각해요. '무엇을 위해' 성경 공부하고 기도하냐에 따라 가치 여부가 결정되는 것이지, 기도 많이 하고 성경 많이 읽는 것 자체가 가치 있는 일이라고 생각하지 않아요. 성경 읽고 기도하고 그리스도를 전파하는 진정한 목표는 하나님 나라를 세우는 데 있어요. 하나님 나라, 즉 정의와 평화의 가치를 이 절망의 땅에 실현하기 위한 도구인 셈이죠.

저는 강정에서 처음으로 범법자가 되어 감옥에 갇혔어요. 여기서 제가 옳다고 생각하는 대로 살면 대한민국 정부와 적이 돼요. 종종 주변 사람들로부터 어리석게 거기에 끼어들어 무엇을 하는 거냐며 비난을 받아요. 그런데 의심이 들지는 않아요. 제가 어떤 처벌을 받더라도 이 일은 분명 제가 해야 할 일이라고 믿기 때문이죠. 그리고 대한민국에 이런 곳은 여기뿐만 아니라 여기저기 널려 있어요. 그런 곳이 바로 그리스도인들이 몰려드는 현장이 되어야 하는데, 교회는 자기 아성을 쌓으면서 길을 차단하는 것 같아요. 큰 교회 예배나 선교 단체 집회에서 수많은 젊은이가 열광하는 것을 보면서 '저들이 이런 현장에 와서 땀 흘려 함께 일하면 얼마나 좋을까' 하는 기대감을 가져본 적도 있어요. 여러 선교 프로그램에 수많은 젊은이들이 바글거리지만 강정마을에 찾아오는 사람은 거의 없어요. 강정에서 얼마 떨어지지 않은 곳에서 운영되는 선교 훈련 학교에서 적지 않은 젊은이들이 세계 복음화를 위해 땅끝까지 이르러 그리스도의 증인이 되겠다고 서약하며 훈련받고 있지만, 바로 맞은 편에 있는 '땅끝' 강정에 찾아오는 사람은 거의 없어요. 정말 허망합니다."

그는 허망하다, 말하고 있었지만 얼굴은 평온해 보였다. 마치 아프리카 난민촌에서 평화학교에 대한 환상을 말하던 그 표정이었다. 그는 어쩌면, 아프리카에서 꿈꿨던 그 환상을 다시 보고 있는 것만 같다. 새벽이슬 같은 한국의 청년들이 강정에 그리고 정의가 무너져 내린 곳곳에 그득그득 넘치는 것을 보고 있는 것만 같다. 그러고 보니, 그는 웃고 있었으나 눈동자는 눈물이 맺혀 있었다. 허망함에 아파서였을까? 아님, 환상에 취했기 때문일까? 이제 인터뷰를 마칠 시간이 되었다. 또 무엇을 꿈꾸고 있는가?

"앞으로 하고 싶은 일은 두 가지가 있어요. 한편으로는 이제 고향으로 돌아가야 한다는 마음이 있지요. 사실 지금도 중동에서 민주화 투쟁으로 많은 사람이 피 흘리고, 시리아가 내전으로 고통당하는 소식을 들으며 빚진 자의 심정이 되곤 합니다. 저의 고향은 그곳이지요. 이곳 강정에 발을 담고 있으면서도 그들의 비참한 현실에 일종의 가책을 느껴요.

그럼에도 불구하고 앞으로 제가 해야 할 중요한 과제가 어쩌면 우리나라의 평화를 위한 것이 아닐까, 그것이 저에게 주어진 마지막 사역이 아닐까 하는 생각을 합니다. 한마디로 통일을 위한 것입니다. 그 일을 어떻게 실천할 것인가는 좀 과격한 얘기라서 지금 밝히기가 어려운데, 저는 여전히 단순해요. 언제나 가장 효율적인 것은 직접 만나는 거라고 생각해요. 국가보안법이든 북한의 법이든 뛰어넘고, 우리는 같은 겨레이기 때문에 직접 만나 경험하는 것보다 빠른 길은 없다고 생각해요. 그래서 교도소에 갇혀서도 '앞으로 겪을 일을 미리 경험해 두자'라는 생각을 하죠.

그리스도인이 되는 것, 평화를 위해 산다는 것은 안타깝게도 이 세상에서는 법에 의해 많이 처벌받고 투옥될 수밖에 없는 게 자명한 현실이에요. 예전에는 그것을 피해 갈 수 있을 거라고 생각했는데, 그것은 아주 순진무구한 생각이었죠. 우리 사회는 결코 하나님 나라의 본질적 가치를 허용하지 않아요. 권력은 언제나 너무 이기적이고 우리 사회 역시 집단 이기주의적이라, 진실을 추구하기보다는 사사로운 이익을 추구하죠. 따라서 진실과 정의, 자유와 생명, 평화의 가치를 실현하려는 사람은 국가의 법을 넘어서지 않을 수 없어요. 그래서 예수님 당시나 지금이나 그리스도의 제자들은 감옥에 갇힐 수밖에 없는 거죠. 제겐 이게 너무 명백하게 다가와요. 강정이 그래요. 강정에서 제가 그리스도인으로서 발걸음을 디디려면, 반드시 법의 함정에 빠지게 되어 있어요. 그러면 옆 동네인

법환은 어떤가? 제주시는 어떤가? 거기서는 괜찮아요. 그러니까 우리가 감옥에 안 가려면, 강정을 피해 다니면서 살면 돼요. 그리스도인이면서도 법의 저촉을 안 받으면서 살 수 있어요.

그런데 중요한 것은, 하나님이 우리를 강정 같은 곳으로 부르신다는 것입니다. 정의가 불의에 짓눌리고 폭력이 평화를 압제하는 현실 가운데는 고통받는 억울한 사람들, 피맺힌 절규를 하는 사람들이 있어요. 하나님은 그 절규를 신원하시기 위해 바로 그 현실 한복판에 임재하시죠. 그런 현장에서 그분의 심장 소리, 그분의 탄식 소리를 들을 수 있어야 해요. 그렇기 때문에 강정은 소중하고 신성한 곳이에요. 저의 교육학적 표현으로는 '하나님의 학교'인 거예요. 왜 하필 강정이냐, 왜 굳이 쿠르드나 아프가니스탄이나 이라크 같은 분쟁 지역에 가서 선교해야 하느냐고 묻는다면 뭔가를 모르는 거예요. 친히 그들의 손과 발이 되어 주고, 그들을 안아 주고, 그들을 위로해 주고, 그들을 돌보아 주려는 하나님의 마음을 품을 수 있어야 해요. 하나님은 고통과 눈물, 슬픔이 있는 현장에 갈 사람을 찾고 계시기 때문에 그리스도인이 그런 현장에 가야 하는 것이지요.

그런 현장에서 비로소 인간은 변화돼요. 실제로 하나님을 만나고 하나님을 경험하기 때문이죠. 그 점에서 교회나 선교 단체들이 많은 젊은 이를 그곳에 보내는 것은, 그들을 통해 하나님의 백성들을 위로할 뿐 아니라 그들 자신도 성장하는 계기를 마련해 주는 셈이죠. 죽음과 삶이 교차하는 현장에서, 처절하게 고통과 슬픔을 겪는 사람들 속에서 하나님의 현존을 경험할 수 있다는 점에서, 하나님이 계신 곳은 우리가 흔히 생각하는 천국이 아니라 지옥일 거예요. 그래서 저는 젊은이들에게 천국을 찾지 말고 지옥을 찾으라고 해요. 적어도 이 세상에서는요."

그는 정말이지 위험천만한 사람이다. 그런데 어쩌면 그리스도인의 삶이라면, 마땅히 그래야만 할 것 같다. 인터뷰를 마치고 며칠 지나지 않아 고난주간을 시작하는 종려주일인 4월 1일, 송강호는 체포되었다. 마침 이날은 그의 쉰다섯 번째 생일이기도 했다. 그리고 제주의 슬픈 역사가 새겨진 4월 3일 구속되었다.

사랑하는 SOS 형제 자매님들께,

내가 부슬부슬오는 재판정치며 힘이라 주실 것 같아드립니다. 여러분의 모습이 사진처럼 눈에 박히는 것 같습니다. 무지 건조한 기후에 살아가 사랑스런 빗방울과 가족들을 본듯 그 심경없어 자축을 이루말할 수가 없습니다. 반갑은 흐뭇하지요. 그러니만 나는 한 것으로는 나때문에 강성비를 가는 모 우리까지 해로하지 건설하막가 갈 공사들을 현실에서 빼어내는 것이 아픈가 가는 가책이 느껴지는 것도 사실입니다. 가족에게 남이 괴정해지면 오히려 마음이 무겁고 비가 내리는 바람이 많이불어 에 마음도 한걸 가벼워집니다. 아빠 여러분도 더라 폭 높은 심정일거라고 확신합니다. 공사가 중단되기를 걷기 때문이서요. 우림비가 많이 되리겠있겠지요. 마음이 깊이 아픕니다. 여러분도 그럭겠지요. 그러니만 봄이 끝이지면 길이날 수록 생명이 가까와 옥아올 진실을 믿습시다.

보내는사람
서 서귀포 161-611
송강호

3부 제주교도소에서

11. 우리가 절망하는 곳에서 하나님의 희망은 시작된다
12. 옥중서신과 일기
13. 송강호란 사람

받는사람
평리가족 3차중로 서귀포시 강정동 4372-2
개척자들

"마치 기러기 떼가 대형을 이루어 어디론가 날아가듯
우리 강정 주민들과 평화 지킴이들은 함께 어우러져
아득히 멀리 있는 평화의 땅을 찾아 날아가고 있는 것 같다."

11. 우리가 절망하는 곳에서
하나님의 희망은 시작된다

송강호는 이미 2011년 7월 17일 업무방해 등의 혐의로 체포되어 7월 28일 집행유예로 풀려나기 전까지 한 차례 구속된 적이 있다. 숱한 분쟁 지역에서 적지 않은 시간 동안 평화사역을 감당한 그였지만 구속은 처음이었다. 구속영장 적부심 심사에서 그는 다음과 같이 진술했다.

존경하는 재판장님,
저는 오십 평생 전쟁을 반대하고 평화를 만드는 일을 위해 살아왔습니다. 이를 위해 르완다, 보스니아, 소말리아, 동티모르, 아프가니스탄, 카슈미르 등 세계의 여러 분쟁 지역을 두루 다니며 전쟁의 참담함과 피해자들의 눈물과 고통을 뼈저리게 공감해 왔습니다. 제가 제주 강정마을에 해군기지 건설을 저지하려는 이유는, 이런 전쟁과 폭력의 참화와 그 희생의 끔찍함을 누구보다 더 가깝게 경험해 왔기 때문입니다. 저는 우리 정부와 해군이 군사기지 건설의 이유로 내세우는 수중 암초인 이어도 인근의 자원 개발과 남방 수송로 확보는 단지 겉으로 내세우는 명분일 뿐 진짜 이유가 아니라고 생각합니다. 설령 그것이 진정한 이유라고 할지라도 우리나라가 중국이나 일본에 대항하여 무기와 군사력으로 목적을 달성하려는 시도는 매우 비현실적일 뿐 아니라 위험한 발상이라고 생각합니다.

저는 해군이 아름다운 강정마을의 자연을 파괴하면서까지 해군기지를 건설하려는 근본 이유는, 우리나라가 당면한 실제적인 군사적 위협에 대응하기 위한 것이 아니라 우리나라의 어느 사회적 집단의 이기적인 자기 몸 불리기 사업이라는 의심을 떨쳐버릴 수가 없습니다. 우리나라에서 가장 안전하고 가장 아름답고 가장 평화로운 한 시골 마을 주민들의 땅을 강제로 빼앗아 절대보존지역을 날치기로 해제하고, 천혜의 살아 숨쉬는 거대한 너럭바위 지대인 구럼비를 콘크리트로 덮어 전쟁의 위험성을 야기하는 해군기지를 건설하려는 발상은, 탐욕에 의해 이성을 잃은 집단 광기에서 비롯된 것이라는 의구심을 지울 수가 없습니다.

저도 가끔, 제가 하고 있는 해군기지 건설 반대 운동이 잘못된 것은 아닌지 해군의 입장에서 되돌아보곤 합니다. 해군기지 건설 사업단 현관 앞에는 완성된 해군기지의 모습이 그려진 광고 입간판이 세워져 있습니다. 그 앞에 서서 정말 이런 크고 화려한 기지가 들어서면 강정마을이 발전하는 것은 아닐까? 곰곰이 생각해 보기도 합니다. 그러나 정작, 중덕 앞바다의 구럼비 바위에 앉아서 사방을 둘러보면 그런 광고 입간판에 그려진 허구적이고 환상적인 그림의 마취에서 헤어나게 됩니다.

뒤로는 한라산의 우아하고 웅장한 자태가 병풍처럼 둘러 있고 앞으로는 범섬, 문섬, 섶섬이 동양화처럼 바다 위에 떠 있습니다. 인간의 힘으로는 가히 흉내 낼 수 없는 기묘한 모습으로 창조된 구럼비 바위에서는 맑고 깨끗한 용천수가 솟아오릅니다. 누구나 타고난 심성을 가진 사람이라면 이런 살아 숨쉬는 바위를 시멘트로 덮어 인공 구조물을 세운다는 것을 본능적으로 거부할 수밖에 없습니다. 하물며 이 아름다운 자연을 파괴하여 해군기지를 세운다는 것은 더 말할 나위가 없습니다. 현재 강정마을에서 추진되고 있는 해군기지 건설 사업은 그 계획 자체가 주변국가에 불안을 가중시킬 뿐 아니라 그 시행 과정에서도 많은 문제를 가지고 있습니다.

첫째, 우리 사회의 근간이 되는 민주적 절차를 무시한 사업이라는 점입니다. 해군과 정부는 처음부터 합법적 절차를 다 밟았다고 주장하지만, 그 근거로 내세우는 2007년 4월 26일 마을총회는 공고일도 지키지 않고 충분히 고지도 안 한 상태에서 이미 매수된 사람들을 적극적으로 동원하여 날치기로 통과시킨 조작된 회의였습니다. 또 전화 설문 조사를 그해 5월에 진행하였다고 하나, 설문 내용도 공개를 기피하고 공정성에 대한 평가도 거부하는, 해군의 목적 달성만을 위한 조사라고 여길 수밖에 없습니다. 어떻게 한 지역사회의 천년 운명을 결정할 중대사를 이렇게 졸속으로 처리할 수 있습니까? 만일 해군과 정부가 주민들의 의견을 충분히 수렴하고 정당한 절차를 밟았다면 마을이 이렇게까지 5년이 되도록 생업을 제쳐두고 해군기지 건설 사업 저지를 위해 투쟁하지는 않았을 겁니다. 해군은 이미 천 억이 넘는 공사비를 지불하였으니 더 이상 뒤로 물러날 수 없다고 주장하지만, 우리나라 헌법의 기본이며 우리 사회의 밑바탕이 되는 민주주의 원칙을 지키기 위해서라면, 천 억 아니라 일 조라 할지라도 공사비 전부를 물리는 것조차 마다하지 말아야 할 것입니다.

둘째, 평화의 섬 제주도에 해군기지는 국가의 안보를 오히려 해친다는 점입니다. 해군은 오직 국가의 안전 보장이 폭력에 의해서만 지켜질 수 있다고 주장합니다. 그러나 제주 해군기지의 목적은 무엇보다 북한의 침략을 막기 위한 것이 아니라 중국과 일본을 견제하기 위한 것입니다. 만일 해군이 진정으로 그것을 목적으로 한다면 중국을 대항해서는 제2함대가 있는 평택에, 또 일본을 견제하기 위해서라면 부산의 제3함대로 분산하여 해군을 배치해야 할 것입니다. 제주도를 찾는 최대 관광객은 중국인이고 그 뒤를 일본 관광객들이 잇고 있습니다. 제주도는 중국과 일본을 대항해서 싸움을 준비해야 할 곳이 아니라 이들과 더 끈끈한 친선 우호 관계를 발전시키기 위한 정치 외교적인 노력을 기울여야 할 곳입니다. 우리가 중국을 견제하기 위해 군사력을 키우자고 하는 것은 미국을 견제하기 위해서 군사력을 증강하자는 주장처럼 비현실적이고 위험한 군사적 모험주의입니다. 이는 필경 우리나라의 안보를 심각하게 위협하는 무모한 결과를 낳을 것입니다. 제주 해군기지야말로 이런 오만한 군사주의적 만용에서 비롯된 발상입니다. 해군이 주장하고 있는 해상 치안은 해경이 수행해야 할 일이고 이어도 인근의 국경 분쟁 가능성은 정치 외교적으로 해결해야 할 문제입니다. 만일 우리가 군사적 시위로 이를 해결하려 든다면 우리나라는 예상치 못한 전쟁의 참화를 겪을 수도 있습니다.

만일 제주도에 해군기지가 들어선다면, 현행 한미 상호 방위 조약에 의해서 미군의 군사적 야욕이 허용되는 셈이고 미군은 이 해군기지를 중국 견제를 위해서 사용할 것이 불을 보듯 뻔한 이치입니다. 결국 우리나라는 우리가 지은 해군기지로 인해 동북아시아의 패권을 놓고 중국과 미국이라는 두 초강대국의 다툼에 스스로 끌려들어가 비극적인 역사의 희생자가 될 것입니다. 제주도는 비무장 평화의 섬이어야 합니다. 이것은 역사의 교훈이고 4.3 항쟁 희생자들의 염원입니다. 4.3 항쟁은 일본 군국주의와 그에 따른 제주도의 군사 요새화의 결과임을 잊지 말아야 합니다. 군사적 요새화는 전쟁을 부르고 전쟁의 정복자는 이 땅에서 대대적인 살상을 감행합니다. 이것이 4.3 항쟁이었고, 어리석게도 4.3 항쟁의 혈흔이 마르기도 전에 또다시 무모한 시도를 하여 비극적인 미래를 초래하고 있습니다. 1945년 일본제국의 군항 히로시마를 기억하십시오. 우리는 그 핵무기의 잔해 속에서 잿더미가 되어 버린 10만 시민들의 무고한 희생을 잊지 말아야 합니다. 만일 제주도 강정에 해군기지가 들어선다면, 저는 대략 2025년경 동북아시아의 패권이 미국에서 중국으로 넘어갈 수밖에 없는 그 어떤 시점에, 우리 제주 강정과 서귀포, 중문이 또 하나의 히로시마가 될 것이라는 불길한 예감을 떨쳐 버릴 수가 없습니다. 지금의 핵무기는 1945년 당시보다 5,000배의 위력을 갖고 있다 하니 저는 감히 상상하기가 힘듭니다.

저는 80년대 초반 휴전선에서 군복무를 하였습니다. 북한의 젊은이들을 인간으로 보지 말라고 교육받으며 어떠한 인간애도 애써 지워 가면서 냉정한 마음으로 그들의 가슴에 총구를 겨누며 젊은 시절의 한때를 보냈습니다. 그것도 모자라서 이제는 이웃나라 중국, 일본과 싸울 준비를 하자는 것입니까? 우리가 할 수 있는 선택이 그것밖에는 없단 말입니까? 왜 먼저 정치 외교적인 대화로 현안을 해결하려는 노력을 기울이지 않는단 말입니까? 제주 해군기지 건설의 명분이 되고 있는 대양해군의 논리는 우리나라의 경제적 부흥에 따른 소제국주의적 만용에서 비롯된 것입니다. 우리는 대양까지 나가서 폭력을 행사하려는 오만을 버리고 대양 치안을 위한 국제 사회의 공조와 협력이라는 더 겸허하고 현실적인 길을 찾아야 합니다. 해군의 이러한 팽창주의적 오만과 만용으로 인해 북한과 긴박하게 대처하고 있는 서해안에서 천안함이 폭침당하고 연평도가 폭격당하는 위험을 초래했음을 기억하십시오. 제주 해군기지 건설 사업이 이러한 일련의 국가 안보 위협에 책임이 있음을 상기시켜 드립니다.

셋째, 해군기지 건설 사업은 자연과 환경을 파괴하여 제주도의 미래를 어둡게 하고 있습니다. 제주도의 재산이요 산업은 아름다운 자연과 청정한 환경 그 자체입니다. 만일 이것이 없다면 그 누구도 제주도를 찾지 않을 것입니다. 이것이 제주도 제1의 자산임을 잊지 말아야 합니다. 그런 제주도에서도 절대보존지역으로 규정되어 있는 강정마을의 그 천혜의 지질적 특성들은 모두 무시하고 이를 파괴시키는 군사기지 건설은 이치에 맞지 않습니다. 강정에서 2.5킬로미터밖에 떨어져 있지 않은 곳에 천연기념물인 범섬이 놓여 있고, 이 일대의 바다는 유네스코가 지정한 생물권보전지역입니다.* 이는 우리나라가 국제 사회에 이 인류의 자연 유산을 잘 지키고 보존하겠다는 약속을 한 지역이란 뜻입니다. 또한 이전 해양수산부가 지정한 해양 생태계 보호 지역이요 멸종 위기 1급인 나팔고동이나 연산호 군락지처럼 희귀 생물권보전지역임에도 불구하고 굳이 이런 아름답고 각종 희귀 생물들이 다양하게 서식 생존하는 지역을 준설하고 매립하여 군사시설을 만든다는 것이 상식적으로 납득이 가지 않습니다. 저는 자연 생태계를 지키는 것이 하나님이 우리 모든 인간들에게 위임한 인류 공통의 의무라고 생각합니다. 특히, 해군기지 건설 사업장 내에는 늪지대가 있고 이곳에는 멸종 위기 2급 동물인 붉은발말똥게와 맹꽁이가 서식하고 있는데 환경 영향 평가 조사에서 발견조차도 못했다는 사실은, 얼마나 이 사업이 졸속으로 진행되는지를 시사하는 것입니다. 그리고 지금 이 시점에 와서 이를 약천사 등지로 강제 이주시키겠다고 하는데 이주 결과에 대한 책임자도 없을 뿐만 아니라, 주무 부처인 영산강 유역 환경청도 이런 이주가 성공적으로 진행된 경우가 없다고 했습니다. 단지 주어진 법적 테두리 내에서 오로지 기지 건설에 장애가 되

• 유네스코 지정 생물권보전지역(bioregional management)은 국제연합(UN) 교육과학문화기구가 보전 가치가 있는 지역의 지속 가능한 발전에 기여하기 위해, 국제적으로 인정한 육상 및 연안 생태계 지역을 말한다. 따라서 유전 자원, 자연 지역과 멸종 위기에 처한 종, 생태계 및 경관 등을 보전하는 기능을 수행해야 한다. 우리 정부와 제주도는 지난 2002년 유네스코에 의해 생물권보전지역으로 지정될 당시, 제주도의 자연을 잘 보전하겠다고 국제 사회에 약속하였다.

는 동식물들을 합법적으로 제거하고 있을 뿐, 누구도 이에 대해 법적 책임을 맡은 이가 없습니다. 해군기지 건설 사업은 우리 생태계의 한 종에 불과한 인간이라는 존재가 자신의 환경을 확보하기 위해서 생태계를 사슬처럼 엮고 있는 수많은 생물과 동물들을 무차별로 살상하는 대학살 현장입니다. 누구라도 인간 본연의 생태적 감수성을 훼손당하지 않은 사람이라면 우리가 속한 인간이란 한 종이 생태계 안에서 자행하는 횡포와 학살을 막아야 합니다. 해군기지 건설을 함께 저지하는 한 분이 "아주 작은 생물을 존중하고 아끼는 곳에 진정한 평화가 있다"는 말씀을 하셨는데 우리 모두가 깊이 새겨야 할 말씀입니다.

넷째, 해군기지 건설 사업은 마을에 분열과 갈등을 초래하고 있습니다.* 해군은 강정마을 공동체를 희생시키는 한이 있더라도 해군기지를

---

* 제주 해군기지 건설을 둘러싼 강정마을의 갈등이 낳은 후유증은 심각한 수준이다. 서귀포신문이 실시한 강정마을 주민 정신 건강 실태 조사 결과(BSI, 총 110명 참여, 해군기지 찬성 및 반대 운동 참여자는 82.6%), 정신 건강에 문제가 있을 것으로 판단된 '이상군'은 항목별로는 최고 57%, 최소 17.3% 비율을 보였다. 한 가지라도 이상 소견이 있는 사람은 전체 중 75.5%에 달했다(적대감 57%, 우울 53.1%, 불안 51%, 강박 50%, 대인 민감성 44.9%, 신체화 38.8%, 편집증 37.8% 순). 특히 최근 일주일간 '죽고 싶다'는 충동을 느낀 사람은 응답자의 절반 가량인 43.9%로, 제주도민의 자살 충동 평균치가 8.1% 수준임을 감안한다면 매우 심각한 상황이다. 이범룡 밝은신경정신과 원장은 "보통 인구의 최대 20%가 우울증을 앓고 있는 것과 비교할 때 이번 결과는 심각한 수준"이라면서 "분노가 특정 대상에 '투사'하거나 친밀했던 사람에게 더욱더 가혹해질 가능성도 배제할 수 없다"고 진단하였다(http://goo.gl/nybhg 참조).

건설하겠다는 의지로 공사를 강행하고 있습니다. 법을 모르고 오직 땅과 씨름하며 정직하게 살아온 50명이 넘는 순박한 농민들이 범법자가 되어 처벌을 당하고 이들이 물어낸 벌금만도 5,000만 원이 넘습니다.* 저도 이곳 강정에서 평생 처음으로 철창 안에 갇히게 되었습니다. 저는 살벌했던 70-80년대 군부 독재 하에서도 법이 두려워 숨죽이며 지내던 비겁한 청년이었습니다. 이를 속죄라도 하려는 양 온 세상의 전쟁 지역과 아체, 아이티 등지의 재난 지역에서 봉사하며 살아 왔습니다. 그러던 제가 이제 신앙과 양심과 신념에 비추어, 대한민국의 정의와 동북아시아의 평화 그리고 인류의 마지막 보루인 생태계의 보전과 자연환경의 보호를 위해 이 사악하고 위험하고 광기 어린 해군기지 건설 사업을 저지하려고 합니다.

존경하는 재판장님, 제주도민을 포함해서 우리 국민 대부분은 물론, 심지어 해군기지 건설을 찬성하는 사람들의 다수도 먼저 주민들과의 갈등을 해소하기 위해 공사의 일시적 중단을 요구하고 있습니다. 해군이 이런 국민적 요구를 무시하고 공사를 강행하려는 데에는 국민의 공감과 합의에 대한 불신과 친군사주의적인 특정 정권에 기대어 자신들의 탐욕을 채우려는 데 있다고 여겨집니다. 어떤 정책이 정권이 바뀔 때마다 바뀔 정책이라면 이는 근본적으로 다시 숙고되고 검토되어야 할 사안입니다.

* 2012년 9월 현재, 사법 처벌을 받은 이는 400명을 넘었고 벌금액은 2억원을 넘었다(http://goo.gl/vVjWL 참조).

해군의 공사 강행은 스스로 제주 해군기지가 그런 재검토가 필요한 사업임을 반증하고 있는 것입니다. 천 년의 미래를 좌우할 제주 해군기지 건설 사업, 한번도 겪어 보지 않았던 위험과 위협을 가상하여 추진하는 이 사업이 진정 국가 안보에 진정으로 필요한 사업인지, 아니면 오히려 국가의 안보에 심각한 피해를 줄 어리석고 위험한 사업인지 재검토해야 할 것이며, 마을 주민들과 제주도민 그리고 국민들의 공감과 합의를 도출하여 5년간의 갈등과 분쟁을 그치기 위해 기지 건설 사업은 즉시 중지되어야 하며, 국회의 심도 있는 진상조사를 비롯하여 정부 차원의 갈등 해결 노력이 공사 강행에 앞서 반드시 진행되어야 합니다.

마지막으로 재판장님께 호소하고 싶은 말씀은 제가 신체의 자유를 구속 받지 않은 상태에서 심문과 조사를 받고 재판에 임할 수 있도록 선처를 요청하는 것입니다. 그 이유는 사랑하는 사람들이 그립고, 아름다운 강정 앞바다와 한라산의 푸른 숲이 보고 싶어서입니다. 재판과 조사에 성실히 임하겠습니다. 부디 불구속 수사와 불구속 상태에서의 재판을 요청드리며, 판사님의 권고와 재판 결과를 존중하고 따를 것입니다.

2011년 7월 17일 구속영장 적부심 심사 자필 진술서

그러나 송강호의 구속영장 적부심 신청은 기각되었다. 그는 옥중에서 강정마을 주민과 해군과 삼성, 대림건설 관계자들에게 편지를 띄운다.

강정마을 주민 여러분,

    올해 정월, 제가 강정마을에 찾아왔을 때 구럼비에는 찬 바람이 불고 있었습니다. 저는 사람들의 발길이 끊어진 외로운 중덕사에서 일주일을 머무르며 이곳에서 제가 해야 할 일이 무엇인지를 곰곰이 생각했습니다. 저희가 이곳에 머무르는 동안, 저녁이 되면 김종환 형님과 고종인 씨가 찾아와 막걸리를 마시며 마을 사람들이 더 이상 싸울 힘을 잃었다고 안타까워했습니다. 제가 강정에서 돌아 온 이후에도 형님의 목소리와 안타까운 심정이 저의 마음에 고스란히 남아 귓전을 맴돌았습니다. 저는 그 안타까운 목소리가 하나님의 음성이라고 생각했습니다. 강정에 와서 무엇을 해야 할지, 무엇을 할 수 있을지 아무것도 몰랐습니다. 불의와 불법이 폭력으로 정의를 억누르고 있는 그 부당한 현실 속에서 주민들은 침묵을 지키고 있는 것 같아 보였습니다. 그 침묵의 의미가 정부에 동의하거나 따르겠다는 뜻은 결코 아니었습니다. 단지 불가항력적인 권력 앞에서 어쩔 수 없이 무릎을 꿇고 침묵을 지키는 것처럼 보였습니다. 제가 하고 싶은 일은 하나님이 강정마을에 정의를 세우고 평화를 이루어 달라고 기도하는 일이었습니다.

    다시금 주민 여러분들께서 정의를 향한 용기를 내시고 평화를 향한 희망을 품으시도록 하나님께 기도드리기 위해서 강정마을을 찾아왔습니다. 당시에는 사람들의 발길이 뜸한 새벽 중덕 바닷가 평상에서 소리를 내어 하나님의 도우심을 구하고 주민 여러분들에게 다시금 의분을 달라고 기도드렸습니다. 그리고 목사님들과 신부님들을 찾아다니며 구럼비에서 일주일에 한 번씩 강정마을을 위한 평화 기도회를 가져 달라고 간청했습니다. 저는 모든 일이 기도로부터 시작된다고 믿고 있기 때문입니다. 다행히 제가 기도드리고 바랐던 것들은 이제 다 이루어진 것 같습니다. 주민 여러분들은 너무나도 훌륭하게 싸우고 계십니다. 특히 우리 아주머님들의 싸움은 저를 신나게 합니다. 너무나도 멋진 평화의 전사들이십니다. 그리고 목사님들도 신부님들도 제가 꿈꾸었던 것처럼 이곳 구럼비에서 기도회와 미사를 올리고 계십니다. 게다가 강정교회의 교우 여러분들이 열의를 갖고 매주 일요일 오후 5시에 기도회를 갖고 있습니다. 제가 하나님께 기도드리고 이곳에서 하려고 했던 것은 이제 모두 넘치도록 이루어진 셈입니다. 하나님께 감사드립니다. 그러나 그사이 양윤모 씨와 최성희 씨가 구속되었고 이제는 저와 고권일 대책위원장이 구속되는 상황이 되었습니다. 구속되는 것이 두려웠다면 저는 처음부터 중덕 바닷가에서 기도를 시작하지 않았을 겁니다. 저는 정의와 평화를 위해서 수감뿐 아니라 죽음까지도 각오했기 때문에 담담합니다. 저는 이런 현실을 받아들이는 것이 오랜 세월 정의와 평화를 위해 투쟁해 온 강정마을 주민 여러분과 의리를 지키는 것이고 우리나라를 전쟁의 참화로부터 지켜내야 하는 국민의 의무라고 여겨 기쁘게 받아들이고 있습니다.

저는 강정마을 주민 여러분들이 존경스럽고 자랑스럽습니다. 만일 우리가 해군기지 건설을 막아낼 수 있다면 우리는 우리나라를 미래의 전쟁으로부터 구하는 것이고 우리 시대를 짓밟고 있는 무도한 군사주의의 만행을 시민의 힘으로 막는 것입니다. 여러분들은 우리 국민뿐만 아니라,

군사시설과 전쟁의 위협으로 두려워하고 고난 당하는 전 세계 사람들에게 희망을 심어주고 계십니다. 시민의 힘으로 군사기지를 막아낸다는 것은 이 세상 어디에서도 찾기 힘든 위대한 승리입니다. 세계 굴지의 신문과 방송이 강정의 승리를 세계에 알릴 것입니다. 우리 강정은 세계의 희망입니다. 우리는 반드시 해내야 합니다. 우리 강정마을의 투쟁은, 시민의 힘으로 군사기지 건설을 막고 미래의 전쟁을 막아 낼 수 있다는 평화의 메시지가 되어 전 세계로 전해지고 있습니다. 우리가 설령 실패한다 하더라도, 우리는 역사 속에서 평화의 예언자들로 기록될 것입니다. 그리고 우리가 싸운 평화의 싸움은 반드시 우리 후손들에 의해서 계승되고 칭송될 것입니다. 옥중에서 계속 기도드릴 것입니다. 마침내 해군기지 건설 백지화가 선포되는 날, 모두 구럼비에 모여 손에 손을 잡고 승리의 개가를 부르고 축제를 즐기는 그날을 꿈꾸며, 기도 속에서 여러분을 만나 뵙겠습니다.

하나님께서 여러분을 도우시고 보호해 주시기를 기도드립니다.

2011년 7월 17일, 제주 동부경찰서 유치장에서 송강호 올림

해군, 삼성, 대림 관계자 분들께,

제가 여러분들을 만나기 시작한 것은 봄이 시작되던 3월 초부터입니다. 벌써 5개월째 되었네요. 그동안 저 때문에 마음 고생들 하시게 해서 무척 미안하게 생각합니다. 우리가 이렇게 강정 해군기지 건설 현장에서 만나지 않았더라면 우린 좋은 친구들이 될 수도 있었을 것입니다. 저는

여러분들이 선하고 착한 아저씨, 친구, 후배들로 보입니다. 여러분들이 저를 완력으로 제지하거나 욕설을 퍼붓기는 했지만, 일을 하려다 보니 그렇게 되었다고 그냥 웃어넘기려고 합니다. 어찌되었든 우린 서로 악연을 맺어, 저는 여러분이 원하셨던 것처럼 감옥에 수감되어 자유를 빼앗기게 되었습니다. 저는 여러분을 원망하거나 탓하지 않습니다. 우리 대한민국 정부와 국방부의 잘못된 정책이 저를 투옥시키는 결과를 빚었다고 생각합니다. 우리나라의 헌법이 제정된 제헌절 날 저는 민주주의적 절차를 무시한 채 강행하고 있는 해군기지 건설 사업의 업무를 방해한다는 죄목으로 수감되었습니다. 저는 대한민국 헌법의 근간이 되는 민주주의의 수호를 위해 그리고 우리나라를 전쟁의 참화로부터 구하기 위해, 그리고 우리나라의 아름다운 자연과 깨끗한 환경을 지키기 위해 정부와 싸우다 결국 수감되었습니다. 저는 여러분을 아끼고 심지어 존경합니다. 그것은 기름때를 묻히고 사는 노동자들에 대한 저의 무조건적인 존경심 때문인지도 모르겠습니다. 또한 제가 전쟁을 반대하고 군사주의를 혐오하기는 하지만, 군인 여러분을 볼 때도 인간적인 친근감과 더불어, 의연함과 당당함에 대한 일종의 경외감을 느끼는 것도 사실입니다.

제가 여러분께 부탁하고 싶은 것은 이것입니다. 이제 더 이상의 다른 범죄자를 만들지 않기를 빕니다. 주민 50여 명이 불명예스런 처벌을 받았고 또다시 수십 명이 기소되었습니다. 왜 이 마을 사람들이 이런 시련을 겪어야 하는지 깊이 헤아려 주십시오. 평화롭던 어부와 농부의 마을에 여러분이 찾아오셔서 이 마을이 당한 불화와 고난을 생각해 보십시오. 왜 이런 방식으로 일을 하셔야 합니까? 이렇게 당신들이 강압적으로 공사를 진행하면 더 큰 국민적 저항과 마찰이 불가피해질 것을 모르십니까? 저는 반드시 이 미치광이 공사가 언젠가 중지될 것이라고 믿고 있습니다만, 그사이 주민들이 당할 희생과 손실, 고통과 피해는 돌이킬 수 없는 결과를 낳을 수도 있습니다. 심지어 주민들이 목숨을 잃을 수도 있다는 사실을 잊지 말아 주십시오. 제발 부탁드립니다. 공사를 일시 중단해 주시고 먼저 주민들과의 갈등을 해소해야 합니다. 이것은 모든 국민의 요구이고 해군기지 건설을 찬성하는 주민들조차도 바라고 있습니다. 국민을 무시하는 군대는 더 이상 이 땅에 존재할 이유가 없습니다. 주민을 존중해 주시고 주민의 요청에 귀를 기울여 주십시오. 주민들과의 전쟁을 그치고 이제 주민들을 설득해 주십시오. 여러분도 논리가 있고 대안이 있고 보상 계획이 있지 않습니까? 왜 주민을 설득하지 못하십니까? 강정 주민들도 다른 여느 동네 주민들처럼 나라를 사랑하고 군복무를 신성시합니다. 애국심에 호소하고 국민의 호국 정신을 상기시키십시오. 제발 최선을 다해 주민과의 대화에 나서십시오.

여러분, 그러나 한가지 분명한 것은 주민을 설득할 수 없다면 여러분은 해군기지 건설을 포기해야 한다는 것입니다. 결코 강제적으로, 폭력으로 공사를 강행할 수는 없습니다. 이것은 민주주의 국가인 대한민국의 정체성을 파괴하는 것입니다. 간절히 호소합니다. 공사 중지를 선언해 주시고 주민들과의 무제한적인 대화를 시도해 주십시오. 이것만이 해군기지 건설 공사로 인해 빚어진 모든 갈등을 해결하는 길이요, 더 이상 선량한 주민들을 불명예스런 범죄자로 만들지 않는 길입니다. 공사 강행은 구르지 않는 바퀴를 단 차를 강제로 끌고 가는 것과도 같습니다. 반드시 여러분이 끌고 가는 차는 주저 앉을 것입니다. 바퀴가 아스팔트 바닥을 이길 수 없는 것처럼, 해군도 삼성도 국민을 이길 수는 없습니다. 여러분이 더 큰 손실과 수치를 당하기 전에, 또 국민들이 더 큰 고통과 시련과 희생을 당하지 않도록 국민의 소리에 귀를 기울여 주시기를 호소합니다.

2011년 7월 17일, 제주 동부경찰서 유치장에서 송강호 올림

송강호는 2011년 7월 28일 집행유예로 풀려난 뒤에도 투쟁을 멈추지 않았다. 오히려 더욱 강하게 맞섰다. 2012년 4월 구럼비 본발파가 진행되던 현장에서, 그는 철조망을 넘어서다 경찰에 저지되었고 곧 체포되었다. 두 번째 구속이었다. 그는 체포 과정에서 무자비한 폭행을 당했다. 현장에 있었던 김성환 신부의 증언도 송강호의 진술과 일치한다. 경찰들은 송강호를 '물건처럼' 다루었고 연행하여 수송하던 차 안에서 '주먹으로 두 번' 쳤다고 한다. 하지만 당시 이를 집행했던 경기지방경찰청 제7기동대, 서울지방경찰청 제32기동대 소속 경찰들은 이러한 증언을 전면 부인하고 있다.* 송강호는 4월 2일, 자신을 연행했던 경찰을 국가인권위원회에 제소했다.

---

* 당시 현장 영상은 다음 링크에서 볼 수 있다. http://goo.gl/KON1e

4월 1일 두 시경, 나는 구럼비를 파괴하는 중장비 공사에 항의하기 위해, 구럼비 서편 철조망 밖에서 '구럼비를 파괴하지 마시오' '공사 중단' '그만해' 등을 외치고 있었다. 그곳에는 나뿐만 아니라 문정현, 김성환 신부님도 있었고 현애자 위원도 울분을 토하고 있었다. 여러 사람들의 항의에도 불구하고 철조망 너머 10여 미터 앞에는 거대한 포크레인 두 대가 바위를 쪼개거나 부서뜨려 덤프 트럭에 싣고 있었다. 나는 아무리 소리 질러도 듣지 않는 공사 인부들에게 절망감을 느꼈고 나도 모르는 사이에 철조망을 잡아당겨 눕히고, 그 위를 밟고 포크레인 쪽으로 가서 외치려고 하였다. 앞에는 약 30여 명의 전경들이 방패로 가로막고 있었고 지휘관은 비웃듯이 히죽거리고 있었다. 철조망을 넘자마자 전경들에 의해 고립되었고 그들은 저항하는 나를 때리고 발로 밟았다. 경찰들은 내 왼손을 등 뒤로 꺾었고 한 경찰은 손가락으로 귀를 아프게 찔렀다. 쪼개진 뾰족한 돌 조각들 위에 놓인 내 발을 밟아 눌렀다. 나를 들어 운반하는 과정에서 머리가 두세 차례 바위에 부딪혔다. 나는 두 시 반경 해군 군용지프차에 실려 경찰 차량이 대기중인 사업단 정문 앞으로 이송되었다.

항의 시위하는 주민과 평화 활동가 백여 명에 맞서, 경찰 인력으로 차단 벽을 만들어 공간을 확보한 상태에서 나를 경찰차로 옮겨 싣고자 했다. 나는 부당한 체포 연행에 맞서 승차에 저항했고, 그 과정에서 나를 무리하게 차에 집어넣으려다가 몸이 거꾸로 차문 밑에 놓이게 되었다. 상체가 차의 바닥에 떨어지게 되어 손에 잡히는 차체를 당기다 보니 상체는 점점 차 바닥으로 들어가게 되었다. 경찰 여러 명이 다리를 붙잡고 잡아당겨서 머리가 차와 아스팔트 바닥 사이에 끼었다. 나는 비명을 질렀으나 경찰들은 아랑곳없이 더 세게 다릴 잡아당겼다. 목에서 턱까지 차체 하단의 철 구조물에 걸려 있는데다 하체는 여러 사람이 잡아당겼고, 나는 격하게 신음 소리를 뱉어 냈다. 경찰들이 더 세차게 잡아당기자, 치아가 부서지기 시작했고 부스러진 이들이 모래처럼 입안에서 씹혔다. 목에서는 으드득으드득 소리가 들렸다. 머리가 몸통으로부터 떨어져나갈 것만 같은 공포감이 느껴졌다. 경찰들은 쉴 틈 없이 내 다리를 잡아당겼을 뿐 아니라 내 성기마저 여러 차례 잡아당기는 자들도 있었다. 이들의 웃음소리를 들었다. 김성환 신부님이 경찰들의 가학 행위에 항의하는 소리가 들렸다.

공포와 고통 속에서 온 힘을 다해 턱이 차 바닥의 철 구조물에서 간신히 빠져나왔고, 그 후 나는 아무런 힘 없이 끌려 나왔다. 경찰은 나를 차에 태운 후 내가 입 안에 있는 부서진 이 가루들을 뱉어 내는 것에 대해 불평했다. 그리고 뒷좌석에 있던 고 모 경관은 주먹으로 나를 가격했다. 왼쪽 배 부분에서 주먹으로 내리치는 통증을 느꼈다. 서귀포경찰서에서 턱과 목, 오른쪽 어깨와 등 부분의 통증을 호소하며 전화를 할 수 있도록 호소했으나, 경찰들은 누워 있는 것을 보니 졸리는 모양이라며 더 누워 자라고 조롱하며 사라졌다. 119를 불러 달라고 요청했으나, 경찰은 30분이 넘어서야 119를 불렀다. 나는, 나를 체포하여 연행한 경찰들을 국가인권위원회에 제소한다. 다시는 국민의 경찰이 국민의 인권을 짓밟고 국민의 생명을 위협하는 일이 없도록, 그리고 국민의 신체를 존중하도록, 이들의 부당한 행위에 대한 적법한 징계와 처벌을 요구한다.

2012년 4월 2일, 송강호의 자필 진술서

송강호는 강정에 기도하러 왔다고 했다. 아침마다 구럼비에서 목놓아 기도했다. 펜스와 철조망으로 구럼비로 가는 길이 막힌 후로는 카약을 타고, 그마저 여의치 않으면 수영을 해서라도 기어이코 구럼비에 들어가 기도하였다. '전사' 송강호는 무엇보다 기도의 사람이었다. 구속 직후, 그의 방에선 아침마다 구럼비에서 드렸던 기도문이 발견되었다.

하늘에 계신 우리 아버지,

고통과 슬픔을 겪고 있는 강정마을 주민들을 위하여 기도드리나이다. 하나님, 해군은 사악한 분열의 영으로 이 마을에 들어와 마을 주민들을 분쟁과 갈등으로 몰아넣었습니다. 부모와 자식이, 형제와 자매가, 친구들과 친척들이 서로 찬반으로 나뉘어 싸우고 갈라졌습니다. 하나님 우리 아버지, 우리 강정마을을 불쌍히 여기사 서로 위협하고 반목하는 이 마을 주민들이 서로 용서하게 해주시고, 다시금 화해와 상생 평화의 길로 나아갈 수 있도록 도와주십시오. 끊임없이 이간질하며 마을을 분열시키는 적들의 파당 만들기 공작을 절단내 주시고 외압이나 선동 없이 마을 주민들이 함께 만나 수십 번, 수백 번이라도 논의하고 대화하여 주민들 스스로 마을의 운명을 결정지을 수 있게 해주옵소서.

하나님, 해군기지 건설 공사는 처음부터 거짓과 사기, 매수와 공작으로 시작된 비민주적이고 불법적인 범죄행위입니다. 그렇기 때문에 처음부터 마을 주민 대다수의 반대에 부딪칠 수밖에 없었습니다. 정부와 해군은 주민을 설득하려는 노력도 하지 않았고, 설득할 능력도 없습니다. 주민들의 정당한 요구나 반대 의사에 대해서 물리력과 강제력을 행사하고, 선량한 주민들과 무고한 시민들을 감금, 처벌해 가면서 무모한 공사를 강행하고 있나이다. 주님, 무법하고 부당한 불법 공사를 지금 즉시 중단시켜 주옵소서. 불의에 의해 압살당한 정의를 일으켜 세우소서. 경찰의 무력에 짓눌리고 정권의 시녀가 되어 버린 법관들에 의해 사사건건 범죄자로 처벌당할 수밖에 없는 힘없는 주민들을 불쌍히 여겨주소서. 이들의 좌절과 낙심, 오랜 세월의 투쟁으로 인해 지친 이들의 신음과 침묵을, 권력자들에 대한 동의요 평화라고 선전하는 이들의 오만을 심판하소서. 낙담과 절망 속에 지쳐 쓰러진 강정 주민들에게 힘을 주시고 정의로운 분노로 충만케 하소서. 결단코 정의로운 투쟁을 포기하지 말게 해주옵소서.

하나님, 누가 감히 대통령과 국방부와 삼성과 대림과 같은 대기업들에 맞서 싸워 이길 수 있겠습니까? 어떻게 이 작은 강정마을 주민들이 강하고 거대한 정부와 재벌을 상대로 싸워 이길 수 있겠습니까? 그러나 우리는 하나님이 연약한 자를 들어 강한 자를 부끄럽게 하시고 무지한 자를 들어 지혜로운 자를 부끄럽게 하시는 분이심을 믿고 기도드립니다. 만군의 여호와 하나님, 연약한 우리를 대신하여 이 불의하고 사악한 세력들을 상대로 싸우소서.

하나님, 파괴되는 구럼비를 지켜 주옵소서. 천혜의 지질 공원 구럼비를 깨부수고 폭파하며 이를 콘크리트로 매장하려는 이 미치광이와 같은 발상을 한 자와 시행하는 자 모두를 징벌하여 주시고, 이 살아 있는 너럭바위 일대가 영성과 명상, 기도의 터로 존속될 수 있도록 지켜 보호하소서.

하나님, 구럼비 앞 중덕바다는 숱한 어종이 서식하고 돌고래가 춤추는 아름다운 바다입니다. 여기에는 연산호, 나팔고동, 금빛나팔산호 등 수다한 희귀 해양 생물들까지 서식하고 있나이다. 그러나 이 모든 생물들이 해군기지 공사로 인하여 몰살 위기에 처해 있습니다. 하나님, 우리 인류가 이 세상에 존재하기 전부터 이 땅과 이 바다의 주인으로 살아온 생물들을 우리 인간들이 무슨 권한으로 대량 학살할 수 있으며 마음대로 아무 곳에나 이주시킬 수 있나이까? 주님, 전멸 위기에 처해 있는 이 작은 미물들의 생명을 아끼고 사랑하는 것이 곧 평화를 지키는 일이라고 믿사오니, 주여, 살아 있는 구럼비 생태계와 강정 앞바다의 모든 생물들을 지켜 보호해 주소서.

하나님, 대한민국의 교회들이 애국심을 앞세우는 국가 이기주의에 야합하지 않게 하시고 오직 야훼 하나님 한 분만을 섬기고 따르도록 하옵소서. 옛 예언자들이 꿈꾸었던 것 같이 '칼을 쳐서 쟁기를 만들고 창을 쳐서 낫을 만들며' 전쟁도 없고 군사 훈련도 하지 않는 세상을, 우리가 현재적으로 살아낼 수 있는 믿음과 용기를 주옵소서. 칼로 흥한 자 칼로 망하리라는 예수 그리스도의 말씀을 굳게 믿고 평화이신 예수 그리스도가 곧 평화의 길임을 온몸으로 증거하는 그리스도인들이 되게 하소서. 그리스도께서 당신의 몸을 허물어 막힌 담들을 허물고 평화를 이루셨던 것처럼 우리도 자신을 희생하여 갈등과 불화의 장벽을 허물고 화해의 길을 만들어 가게 하옵소서.

하나님, 제주도가 비무장 평화의 섬이 되게 하옵소서. 모든 군대와 기지, 무기고와 탄약고, 모든 군사 시설들이 제주도에 발을 디디지 못하게 하소서. 어떤 전함이나 탄약과 무기를 운반하는 선박들도 제주도 연안에 출입하지 못하게 하시고 제주 바다를 푸르고 깨끗한 원래의 모습 그대로 보존하여 주옵소서.

하나님, 제주도가 동북아시아의 지정학적 중심 위치에 있음을, 우리나라 국민들뿐 아니라 온 세계 시민이 깨달아 알게 하옵소서. 제주도가 어느 나라에 의해서든 요새화되거나 병참 기지가 되면 동북아시아 전체에 군비 경쟁과 군사적 긴장이 고조될 수밖에 없고 우리나라에도 어두운 전운이 감돌 수밖에 없음을 알게 하소서. 하여 제주도에서 모든 군사 기지를 쫓아내고 제주도가 동북아시아의 갈등과 분쟁을 중재하고 조정하며 세계 평화와 인류의 공존과 상생을 위한 대화와 협상의 장이 되게 하여 주옵소서. 이를 위하여 유엔의 평화 군축 센터나 평화대학, 안전보장이사회 관련 기구들을 제주도에 유치할 뿐 아니라 현재 중국의 발의와 주도로 베이징에서 진행되고 있는 6자 회담과 같은 지역 안보를 위한 다자 간 회담을 제주도에서 개최하도록 외교적인 노력을 기울이게 하소서. 그래서 제주도에 국제적인 평화 단체들과 기구들이 속속 본부 내지 지부들을 세우게 하시고 이들이 개최하는 평화 회의들이 동북아시아뿐만 아니라 세계 평화에도 크게 기여하게 하소서.

하나님, 제주도는 불의한 국가 공권력에 의하여 무고한 양민들이 대량으로 학살된 4.3 항쟁의 뼈아픈 역사를 간직하고 있습니다. 이 아픈 상처에 대한 기억이 제주도민들의 역사의식이 되게 하시고 평화를 향한 염원이 되게 하소서. 자라나는 모든 세대에게 평화를 가르칠 수 있도록 도내 각급 학교에서 평화 교육이 진행되게 하시고 제주도의 모든 젊은이들은 군복무 대신 평화 복무를 하게 하여 우리나라뿐 아니라 세계의 분쟁과 갈등 지역에서 평화 봉사를 하게 하소서.

하나님, 국민 모두가 자연과 평화가 제주도가 지켜야 할 가장 소중한 기업임을 알게 하소서. 하여 군사기지나 공해산업으로 제주도의 아름다운 자연이 파괴되거나 청정한 환경이 오염되지 않게 하시고 자연을 절대적으로 보존하고 평화를 기초로 제주도의 산업이 균형과 절제 속에 성장해 나가게 하옵소서. 제주도민들이 물신주의적 탐욕의 노예가 되지 말게 하시고 스스로 자족하며 공생하는 삶을 살아가게 하소서. 그리하여 거지 없고 도둑 없고 대문 없는 제주도의 삼무 전통이 자본주의 사회 속에서도 굳건히 지켜지게 하시고, 누구나 땀 흘려 일한 만큼 정당한 보상을 받을 수 있는 일자리들을 허락해 주셔서 부자도 없고 가난한 사람도 없이 골고루 잘 살 수 있는 섬이 되게 하소서.

하나님, 우리 민족이 군사력에 의해서가 아니라 고상한 문화의 힘으로 부강한 나라 만들기를 염원하셨던 김구 선생님의 가르침을 따르게 하시고 작지만 튼실한 평화 중립 국가를 꿈꾸셨던 함석헌 선생님과 평화 통일을 온몸으로 실천하셨던 문익환 목사님, 그리고 스스로 가난을 감수하며 남과 북 모두가 함께 살아갈 수 있기를 간절히 바라셨던 권정생 선생님과 같은 민족의 소중한 이정표들을 따라 평화 통일의 길로 나아가게 해주옵소서.

하나님, 우리나라의 평화 통일 운동이 한라에서 백두까지 불길처럼 번져 나가게 하시고 제주도민들과 정의와 평화를 염원하는 전 국민이 우리와 함께 연대하는 세계 시민들과 대동, 단결, 협력하여 평화의 길을 가로막은 채 강행되는 이 사악하고 불의한 해군기지 건설 사업을 반드시 파멸시켜 주옵소서. 평화의 사람들이 평화 버스를 타고, 평화 비행기를 타고, 평화 보트를 타고, 평화 자전거를 타고, 평화 마라톤으로, 걸어서라도 산을 넘고 바다를 건너 강정으로 모여들게 해주시고 손에 손을 잡고 이 불의한 해군기지를 막아서게 해주옵소서.

하나님, 대한민국이 이 세상의 자유의 도성이 되게 해주시고 정의와 평화의 나라가 되게 하옵소서. 이를 위해 먼저 제주도가 비무장 평화의 섬이 되게 하옵소서. 하늘과 땅과 바다와 이 세상과 저 세상의 살아 있는 모든 이들이 힘을 모아 이 민족을 전쟁의 구렁텅이로 끌고 들어가려는 제주 해군기지 건설을 막아낼 수 있도록 저희를 도우소서. 정의와 평화와 기쁨의 나라를 위하여 십자가에 못박혀 돌아가셨다가 부활하시어 세상 끝 날까지 우리와 함께하리라 약속하신 우리 주 예수 그리스도의 이름으로 기도드리나이다.

그는 자신의 무죄를 확신했다. 무죄를 확신했으므로 보증인이나 보증금을 공탁한 보석은 거부한 채 결연한 자세로 재판에 임했다.

저는 해상 공사 방해, 재물 손괴, 업무 방해, 경범죄 처벌법 위반 등의 이유로 구속 재판을 받고 있습니다. 그리고 이미 작년 11월 15일 징역 8개월에 집행유예 2년을 선고받은 상태입니다. 이렇게 현재는 중죄인이 되었지만, 강정마을을 찾아오게 된 작년 3월 이전에는 한 번도 법정에 설 일이 없었던 평범한 시민이었습니다. 만일 해군기지가 민주적 절차를 밟아 주민들의 동의를 구해서 진행되었다면 저는 범죄자가 되지 않았을 겁니다. 제가 지금까지 살아왔던 것처럼 동티모르나 아프가니스탄, 카슈미르 같은 분쟁 지역에서 전쟁 난민들을 돕거나 이산가족들을 만나게 해주는 일을 계속해 왔을 것이고, 반다아체의 쓰나미 피해자들이나 아이티의 지진 피해자들을 돕는 현장에 있었을 것입니다.

제가 강정마을에서 경험한 것은 불의한 강자 앞에서 정의를 열망하는 힘없는 주민들이 입에 재갈을 물린 채 무릎 꿇고 침묵을 강요당하는 현실이었습니다. 누구나 양심과 신앙을 갖고 있는 사람이라면 억울하게 고통을 겪고 있는 사람을 돕기 마련입니다. 제게 죄가 있다면 억울한 강정 주민들의 편에 서서 그들을 도운 것뿐입니다.

검사님, 판사님은 한 번이라도 강정마을에 와 보신 적이 있습니까? 자신의 땅을 강제로 빼앗긴 농민들의 울분을 한 번이라도 들어보셨습니까? 지금 강정마을에는 사기와 공갈, 협박이 판을 치고 있습니다. 그리고 이를 막으려는 사람들은 법의 이름으로 체포, 구속되고 있습니다. 강정 앞 바다는 수백 년이 넘도록, 어쩌면 수천 년 동안 해녀들의 바당밭*이었지만, 지난 2007년 80여 명의 해녀들이 후손 대대로 자연의 혜택을 줄 이 바당밭을 결국 해군에 팔았습니다. 그러나 그 해녀들은 바당밭의 주인이 아닙니다. 잠시 후손들로부터 빌린 것인데, 해군들이 1억 원씩을 줄 테니 자신들에게 넘겨달라는 속임수에 넘어가 팔아 넘긴 것입니다. 그래서 모든 이들과 후손들이 공유해야 할 구럼비와 강정 바닷가가 해군들의 땅으로 둔갑해 버렸습니다.

해군은 기지 건설을 위해 8만여 평의 토지를 매입했습니다. 그 땅은 100여 명의 토지 소유자들의 것이었는데 그중 60명 이상은 본인의 의사와는 상관없이 강매 당했습니다. '은행에 당신 땅값이 있으니 찾아가시오' 하고 통보한 것이지요. 자기 땅을 강제로 빼앗긴 농부들은 할 수 없이 돈을 찾아갔습니다. 이것은 명백한 부당 거래입니다. 게다가 비닐하우스를 철거하지 않는 농민들에게는 터무니없이 비싼 토지 임대료를 부과하겠다고 공갈 협박했습니다.

해군이 붉은발말똥게나 맹꽁이, 층층고랭이와 같은 멸종 위기의 동식물들을 이주시켰다고 하지만, 그 결과에 대해 아는 이도, 관심을 갖는 이도 없습니다. 해군은 처음부터 이들의 생존에 대해서는 관심이 없었습니다. 해군은 이 골치 아픈 장애물들을 합법적으로 종말 처리한 것입니다.

• 제주의 옛 사람들은 바다를 '바당밭'이라고 불렀다고 한다.

재판장님은 해군기지가 강정마을에 어떻게 들어오게 되었는지 그 내막을 알고 계십니까? 해군이 저지른 가장 심각한 범죄행위는 전 마을회장과 짜고 2007년 4월 26일 불법적인 마을회의를 통해 해군기지 건설 유치를 결정한 것입니다. 해군은 불리한 여론을 자신들에게 유리하도록 조작하기 위해서 사전에 매수된 해녀들과 해군기지를 찬성하는 사람들을 동원하여 날치기로 유치를 결정하였습니다. 그러나 해군이 배후에서 조종한 마을회의는 마을 주민들에게 충분히 공지되지도 않았고 주민들의 반대 의견 개진도 금지당했으며 찬반 숫자 확인도 안 된 채 박수에 의해 회장이 결과를 공표한 것입니다. 어떻게 이런 중대한 의사결정이 이런 날치기로 통과될 수가 있습니까? 공청회도, 자유로운 토론도, 찬반 숫자 파악도 하지 않은 회의가 어떻게 주민의 의사를 결정한 회의라고 할 수 있습니까? 그 결과 마을회장은 탄핵당했고 마을 주민들은 심각한 불화에 휩싸이게 되었습니다. 해군은 우리나라의 헌법을 파괴하여 해군기지를 세우고 있습니다. 우리나라를 위태롭게 하는 사람들은 이곳에 선 피고인이 아니라 바로 우리의 헌정 질서를 문란케 하는 해군입니다.

게다가 이들은 천연기념물 442호이자 절대보존지역으로 보호해야 할 구럼비 바위를 지금도 파괴하고 있습니다. 그것도 폭탄으로 무자비하게 폭파시키고 있습니다. 자기의 고향을 지키고 대한민국의 헌법을 수호하며 우리나라의 자연 유산을 지키기 위해 강포한 해군과 싸우고 있는 강정마을 주민을 돕는 것이 죄란 말입니까? 1,900여 명이 살고 있는 강정마을에서 600명이 넘는 무고한 시민들이 체포 연행되었고, 300명 이상이 처벌당했습니다. 이게 상식적으로 말이 되는 겁니까? 검사님, 언제까지 무고한 강정마을 주민들과 평화를 열망하는 시민들을 희생양으로 삼아 해군을 도우실 것입니까? 우리 대한민국의 법정이 정말 정의롭고 공정한 법정이라면 이 피고석에 세울 사람은 우리들이 아니라 바로 헌정 질서를 어지럽힌 해군과 세금을 탕진하는 토건 재벌들과 이들을 비호 동조하는 경찰들과 자신의 직무를 유기하는 제주도지사, 그리고 권력자들과 힘센 자들의 시녀가 되어 있는 제주법원의 판검사들이라고 생각합니다.

법이 상식 이하라면 그것은 더 이상 법이 아닙니다. 제주법원은 해군기지와 관련된 사안들에 대해서는 번번이 상식 이하의 판결을 내렸습니다. 2010년 12월 15일, 법원은 '절대보전지역 변경 처분 무효 확인 소송' 1심에서 구럼비 보존이 강정마을 주민들에게 개별적, 직접적, 구체적 이익이 없기 때문에 원고 자격이 없다고 했습니다. 마을 한복판에 있는 자연환경이 훼손되고, 모든 주민들이 어렸을 적부터의 아름다운 기억으로 간직하고 있는 구럼비 바위가 부서지고 철조망을 쳐 출입을 금지시키는데 마을 주민들에게 피해가 안 된다는 것을, 저는 상식적으로 납득할 수 없습니다. 이런 논리라면 한라산을 다 파괴한다 하더라도 제주도민 그 누구도 이를 막을 수 없을 것입니다.

2011년 5월 18일, 2심 재판에서는 강정마을 주변의 지하수와 생태계와 경관이 피해를 보는 것이지 주민들이 피해를 보는 것이 아니라며 해괴한 이유를 들어 기각했습니다. 그렇다면 구럼비의 할망물이나 붉은발말똥게나 맹꽁이가 고소인이라도 되어야 한다는 말인가요? 왜 대한민국

최고의 영재들인 사법부의 판사들이 이런 몰상식한 판결을 내리게 되는 것일까요? 그 이유는 간단합니다. 판사들이 권력자들의 눈치를 보고 있기 때문이지요. 똑똑한 검사들이 저에게 도주의 우려와 재범의 우려가 동시에 존재한다는 이유로 저를 구속했습니다. 도주할 사람은 재범할 수 없고 재범할 사람도 도주할 수 없는데, 이런 기본적인 논리적 모순조차 인식하지 못하는 무능한 검사로 전락하는 이유도 검찰이 권력자들의 충견이 되었기 때문입니다.

서귀포 경찰은 강정 주민들은 쉽게 구속 기소를 하는 반면, 선박 검사 증서도 없이 두 번이나 케이슨(casson)을 강정 앞바다에 불법 투하한 삼성물산 바지선의 불법 운항은 그냥 방치하고 있습니다. 이를 제지하려는 강정주민들의 해상 공사 감시 활동은 육지 경찰과 해경을 동원하여 원천적으로 막았고, 그 바지선의 선장은 재범의 우려에도 불구하고 불구속 기소하였습니다. 뿐만 아니라 해경 정보계장은 이 무허가 바지선이 임시 운항 허가증을 받고 조업 중이라고 주민들을 속여 불법 공사 감시 활동을 방해하였습니다.

지난 10일에는 강정마을회가 제기한 '옥외집회 시위금지 효력정지 가처분 신청'을 제주법원이 기각했습니다. 제주법원은 다시 한 번 법의 이름으로 강정마을 주민들의 입에 재갈을 물렸습니다. 법원이 모든 법의 근본인 헌법에 명시된 집회 결사의 자유와 표현의 자유를 하위 법들로 금지시키고 있는데, 시민들은 이제 무슨 방법으로 자신의 의사를 표현할 수 있겠습니까? 하승우는 「민주주의에 反하다」(낮은산)라는 책에서 '법이 정한 수단으로 말할 수 없는 이에게 법대로 하라는 얘기는 폭력이다. 정당한 주장인데 수단이 잘못되었다면 그 수단을 잘못이라 규정하는 사회를 의심해야 한다'고 했습니다. 그의 지적이 바로 강정의 현실을 정확하게 지적하고 있다고 생각합니다.

저는 독일 하이델베르크 대학에서 신학박사 학위를 취득한 신학자요 대학 강사이며 교회 전도사였습니다. 지난 10여 년간 세계 여러 나라의 전쟁과 재난 지역에서 고난을 겪고 있는 난민들을 돕는 활동을 해왔습니다. 그리고 이곳 강정마을에서 이 사악한 해군기지 건설 사업단을 만날 때까지 단 한 번의 전과도 없었습니다. 저는 제가 사랑하는 대한민국 헌법의 정신인 민주주의를 지키고 아름답고 거룩한 자연 유산인 구럼비를 보호하며 힘없이 파괴되는 강정동의 작은 마을 공동체를 지키기 위해 싸웠습니다. 누구에게도 폭행을 하거나 욕설조차 하지 않았고 분노가 치밀어 오를 때에도 '적을 가족처럼 여기지 않으면 승리할 수 없다'는 간디 선생님의 말씀을 마음에 새기며 해군과 건설 노동자들을 선대해 왔습니다.

저는 제가 무죄라고 믿고 있습니다. 그럼에도 불구하고 판사님이 현재의 정치적 상황을 고려하여, 해군의 불법적인 기지 공사를 정죄하고 저의 무죄를 판결한다는 것은, 유신 치하에서 박정희의 독재를 심판하고 민주주의를 위해 투쟁했던 민주화 운동가들에게 무죄를 선고하기 바라는 것만큼이나 절망적이라고 생각합니다. 그러나 언젠가는 정의가 불의를 이기고 평화가 폭력을 극복하는 날이 올 것을 믿고 있습니다. 그리고 누군가는 이 선량하고 무고한 강정 주민들과 평화 활동가들을 법의 희생양으로 만드는 이 마녀사냥을 멈추게 할 용감한 판결을 낼 것이라고 믿고 있습니다. 국민을 희생시켜서 국가 안보를 이루겠다는 해군의 자가당착은 애국을 내세워 자기 조국 독일을 잿더미에 앉혀 놓은 히틀러의 나치즘을 연상케 합니다. 우리가 바라는 나라는 국민이 평화롭게 살아가는 나라입니다. 그리고 힘없는 자들의 정의를 지켜주는 나라입니다.

제게는 90세가 되신 아버님이 계십니다. 그분은 제게 해군기지 건설을 반대하는 것은 계란으로 바위를 치는 것처럼 불가능한 것이오, 무의미한 희생이라고 저를 간곡히 타이르십니다. 그러나 저는 이 불가능해 보이는 무모한 싸움을 중단할 수 없습니다. 제가 한 인간으로서, 대한민국 국민으로서, 그리고 그리스도인으로서 그 어느 입장에서도 거룩한 바위 구럼비와 아름다운 강정 바다와 평화로웠던 강정마을 공동체를 지키는 것이 정의로운 싸움이기 때문입니다. 불의한 강자 앞에 비겁하게 무릎을 꿇기보다는 정의를 위한 싸움의 희생자가 되는 것이 하나님이 제게 허락한 운명이라고 믿고 있습니다.

검사는 공소장에서 제가 정의와 평화를 빙자하여 사법부의 권위를 농락한다고 분노에 찬 비난을 하였습니다. 그러나 정작 사법부는 정의를 지키기 위한 용기를 내기보다는 권력자들의 비위를 맞추기 위해서 굽실거리고 있는 자신의 비굴한 모습을 보고 수치와 분노를 느껴야 옳을 것입니다.

재판장님, 제발 선량하고 무고한 시민들을 범죄자로 만들고 있는 해군기지 건설 사업을 즉각 중단시켜 주십시오. 얼마나 더 많은 범죄자들을 만들어 낼 겁니까? 도대체 법이 무엇 때문에 존재합니까? 국민을 범죄자로 만들기 위해서입니까? 아니면 국민을 보호하기 위해서입니까? 정의로운 판결은 갈등과 분쟁을 그치게 합니다. 아직까지 제주법원은 강정마을의 갈등과 불화를 그치게 하는 공정하고 지혜로운 판결을 내리지 못했습니다. 도리어 강정 주민들에게 번번이 실망과 좌절감을 안겨 주었습니다. 그러나 그럼에도 불구하고 저는 인간들이 절망하는 곳에서 하나님의 희망은 시작된다는 신념을 포기하지 않습니다. 미래는 신의 영역이고 신은 반드시 정의와 평화를 실현시킬 것이라고 굳게 믿기 때문입니다.

재판장님, 저는 재판장님의 선처를 바라지 않습니다. 단지 우리 대한민국의 헌법을 수호하고 정의로운 판결을 내리기를 바랄 뿐입니다.

5월 17일 재판 모두 진술

2012년 뜨거운 여름, 그의 구속 100일째를 맞아 강정마을과 전국에서 그의 석방을 촉구하는 1인 시위와 피켓 시위가 이어졌다. 강정포구에선 '보고 싶은 사람' 전시회가 열렸다. 송강호와 해상팀에서 함께 활동하던 대만의 평화 활동가 에밀리의 작품들이 전시되었다. 전국에서 모여든 7,000여 명의 시민들이 참여한 강정 평화 대행진이 열렸다. 그러나 여전히 송강호는 한라산 자락 검은오름 아래 제주교도소에 갇혀 있다. 어쩌면 예수님도 그곳에 갇혀 계신지도 모르겠다. 그러나 세상이 그분을 감당할 수 없었던 것처럼, 기껏 감옥 따위가 그를 가둘 수는 없을 것이다. 희망은 절망 따위에 좌절하지 않는다.

12. 옥중서신과 일기

불의가 그의 몸을 독방에 가둘지언정, 그의 영혼은 늘 그랬듯이 자유롭다. 곤한 육신은 신음하고 외로움에 사무친 영혼은 고독에 울 수도 있다. 그러나 그가 품은 굳센 희망은, 끝내 그 모든 것들을 일상의 사소함으로 치부한 채 망망대해 바닷바람을 헤치며 정의를 향해 나아간다. 그는 언제나 '항해자'였다.

2012년 4월 12일, "우리 평생 동지가 됩시다."

자랑스런 'SOS'* 여러분에게,

기다리던 4.11 총선이 끝나고 새롭게 정계 개편이 진행되면서 어떤 변화가 강정에 닥쳐올지 자못 궁금합니다. 감옥에서는 선거 소식은 일체

• 'SOS'는 강정마을에서 해군의 불법 공사 해양 감시단으로서 활동하고 있다.

없고 텔레비전으로 쇼 프로그램과 철 지난 연속극만 재탕합니다. 공교롭게 부재자 투표 신고일이 지난 후 구속되는 바람에 선거권조차 빼앗긴 것이 더욱 억울하고 분했습니다. 선거 결과를 지켜보면서도 정치인들을 믿을 수 없다는 의심과 더불어 우리가 스스로 지키지 않으면 강정은 어느 누구도 지켜 주지 않을 것이라는 고독한 자각이 밀려옵니다. 정의와 평화도 정치인들에게 있어서는 자신의 권력을 쟁취하고 수호하는 도구로 이용될 뿐이라는 극심한 불신감이 듭니다.

저는 SOS의 해상 저항 운동이 좀더 대중성을 가질 수 있기를 바랍니다. 일주일에 한 번 정도는 모든 배를 띄워 지속적으로 반대 의사를 표현하는 것을 시도하기 바라고, 매일 두세 척의 카약을 띄우는 꾸준한 시위를 일상화할 필요가 있다고 생각합니다. 정문에서 1인 시위가 끊이지 않듯이 바다에서도 끊임없이 반대와 중단 요구 의사를 표현하는 것이 우리 몫이 아닌가 생각합니다. 중단 없이 꾸준히 저항하다 보면 반드시 호기가 올 것입니다. 이것은 역사가 우리에게 가르쳐 준 지혜입니다.

강정 문제는 우리에게 중요합니다. 그러나 강정 문제에만 빠지지도 마십시오. 저는 우리의 싸움이 제주 해군기지 건설 사업단과의 싸움이 아니라 전쟁을 일으켜 권력과 부를 사취하는 군산복합체와의 싸움이요, 이는 전국에서 또 전 세계에서 수많은 동지들이 싸우고 있는 거대한 싸움의 일부임을 알아야 합니다. 그런 면에서 강정의 싸움은 평택의 싸움과 연계되어 있고 오키나와와 디에고가르시아*, 남사군도**의 군사 요새화와 떼어 놓을 수 없는 것입니다.

저는 SOS가 폭력의 귀신에 홀린 이 세상의 살인마들을 대항하는 범세계적인 반전 평화운동의 전사들이 되기를 바랍니다. 저는 이 희망과 비전을 여러분들과 나누고 싶었습니다. 혹여 제가 정치적 야망을 갖고 있다고 오해 마시기를 바랍니다. 제가 이런 미치광이 같은 제언을 드리는 것도 사심이 없기 때문에 용기 낼 수 있는 것입니다. 우리는 세상을 변화시킬 소수가 되어야 하고 그럴 수 있습니다. 예수님을 따르던 제자들은 십여 명의 작은 무리였지만 세상의 진정한 권력을 인수할 대권 인수팀이었

• 영국령 디에고가르시아에는 미국 소유의 군사기지가 주둔하고 있는 디에고가르시아 섬이 있다. 인도양의 한 가운데 있는 지리적 장점 때문에 미국이 아프리카와 중동, 남아시아 지역에 군사적으로 진출할 때, 특히 걸프 전쟁과 이라크 전쟁 때 중요한 역할을 했다. 1990년대 이후, 이 기지의 존재가 널리 알려지면서 기지가 건설될 당시 미국과 영국 두 나라가 원주민들을 어떻게 대했는지에 대한 다양한 폭로가 이루어졌다. 두 나라는 1965년과 1971년 이민법령을 통해 누구도 이 섬에 허락 없이 들어가거나 거주할 수 없도록 정했다. 1971년에는 원주민들이 키우던 개 1,000여 마리를 도살했다. 인권운동가들이 이 문제에 대해 줄기차게 문제를 제기하면서 400만 파운드의 보상이 이루어졌으나 여전히 원주민들이 고향에 돌아가는 것은 제한된 상태다. 2000년 런던 법원은 이 섬에서 이루어진 원주민 강제 이주를 불법이라고 판결했다. 그러나 2004년부터 영국 정부는 왕실 칙령을 동원해 원주민들이 고향에 돌아가는 것을 여전히 봉쇄하고 있다.
•• 남중국해 남단에 있는 남사군도는 30여 개의 작은 섬과 40여 개의 암초 및 산호초로 이루어진 군도로, 동아시아의 대표적인 영토 분쟁 지역이다. 즉 필리핀, 말레이시아, 브루나이, 베트남, 중국과 타이완을 마주하는 해상 교통과 어업의 요충지이자 인근 해역에 석유, 천연가스가 풍부해 이들 나라들이 서로 영유권을 주장하고 있다. 분쟁 당사국들이 자국 점령 도서에 군 병력과 장비를 배치하고 있어 무력 충돌의 가능성이 상존하고 있다.

습니다. 처음에는 철없이 그 대권이 세속적인 권력인 줄로 착각하였을 정도였습니다. 우리는 대권 인수팀입니다. 그것은 세속적인 권력이 아니라 정의와 평화 그리고 진정한 기쁨의 나라에 관한 것입니다. 여러분 안에는 가능성이 숨쉬고 있습니다. 갈릴리의 어부들이 세상을 뒤집어 놓았듯이 강정 앞바다에서 만난 여러분이 세상을 변화시킬 수 있습니다. 저는 여러분들이 그런 그릇들이라고 확신합니다. 물론 고난과 투쟁의 길이지만, 그 길은 세계 평화를 위한 값진 수고의 결실을 약속하고 있습니다.

출옥하면 함께 술라웨시에 갑시다. 맑고 따뜻한 바다에서 고기도 잡아 먹고 검붉은 석양을 보며 아름다운 인생을 이야기합시다. 칠흑 같은 적도의 밤, 쏟아져 내리는 별빛을 맞으며 꿈을 꿉시다. 수천 년 전 아브라함 할아버지가 꿈꾼 '하늘의 별처럼 바닷가의 모래알처럼 수많은 자손들'이 바로 우리들의 동지요 동역자일 수 있다는, 오랜 전설의 꿈이 현실의 희망으로 바꿔지리라는 기대를 갖고, 여러분과 인도네시아 바다로 갈 꿈을 꾸고 있습니다.

강정은 우리들에게 무엇일까요? 그것은 우리가 만난 싸움 중 하나일 뿐입니다. 여러 차례 싸워 온 오랜 전사 두희 자매와는 달리, 대부분의 젊은이들에게는 이번 싸움이 첫 전투일 겁니다. 승리를 위해 최선을 다하십시오. 그러나 우리가 싸워야 할, 수많은 전투가 기다리고 있다는 사실도 잊지 마십시오.

우리, 평생 동지가 됩시다. 이 세상의 진정한 권력, 바로 사랑과 진실이 만나고 정의와 평화가 입맞추는 나라의 인수팀이 됩시다. 여러분의 사랑과 돌봄에 감사드립니다. 멀지 않은 훗날 보게 되겠지요. 서로 만날 준비를 합시다.

정의가 반드시 승리합니다! 끝까지 한결같이!

한라산 자락 골방에서, 물귀신 드림

4월 19일 흐림, "4.19"

우리나라 민주주의의 초석을 깔아놓은 날을 우리 시대 누가 기억이나 할지 모르겠다. 마치 대한민국 민주주의의 앞날이 오늘 날씨처럼 암울한 것 같아 보인다. 강정마을에서 많은 사람들이 끊임없이 투쟁하고 또 체포, 연행된다는 소식이 들리지만 제주도청이나 정부의 조치는 여전히 해군 감싸기로 일관하는 것이 안타깝다. 오늘 오전, 문정현 신부님과 송영섭 목사님, 실버와 해마 그리고 아내가 접견을 왔다. 신부님은 오른손에 깁스를 하고 오셨다. 신부님께 절을 올렸다. 한평생 고단한 길을 걸어오신 노 신부님이 죽을 위기를 넘어 지금까지 살아오신 것이 너무 감사하다. 제주대학 병원에서 퇴원하고 가장 먼저 이곳을 찾아오신 신부님의 마음에 눈시울이 뜨거워졌다.* 구사일생으로 살아나신 신부님의 그 아

---

* 문정현 신부는 4월 6일 부활절 의식 중 하나인 '십자가의 길' 열네 번째 기도를 위해 구럼비 바위로 향하던 중이었다. 하지만 경찰에 의해 구럼비로 가는 길이 막힌 상태에서, 강정포구 앞 방파제에 놓인 콘크리트 삼발이 위에서 경찰과 실랑이를 벌이다 삼발이 7미터 아래로 추락했다. 긴급 후송된 병원에서 6개월 가량 입원 치료를 받아야 한다고 진단 받았으나, 문정현 신부는 며칠 지나지 않아 병원을 나와 송강호를 면회한 후, 곧장 강정마을로 향했다.

픈 상처가 느껴지는 것 같다. 단지 신체적인 아픔만 아니라 그 가슴속에 날마다 찢어질 그 상처를 어찌 모를까?

변호사님이 찾아왔다. 내 재판을 다른 사건과 병합하는 것이 어떠냐고 물었다. 그것이 형량을 줄일 수 있는 길이라고 했다. 나는 형량의 길고 짧음에 관심이 없고 해군기지 건설 사업의 부당성과 불법성을 증거하며 나를 무죄라고 변호할 변호사를 찾는다고 했다. 물론 판사는 그렇게 판결하지 않을 것이다. 그러나 법정 투쟁을 통해 해군기지의 문제점을 명명백백히 밝혀내어 이 불법을 저지르는 해군과 그를 동조하는 법관들을 정의의 심판대에 세우기를 바란다. 지금까지 법을 빙자하여 정의와 평화, 민주주의와 자유를 억압해 온 제주법정과 판사들을 심판할 변호사가 아니라면, 나는 재판을 분리하여 내 형을 더 길게 늘일 이유는 없을 것이다. 그러나 나를 변론하겠다는 '민주 사회를 위한 변호사 협회'가 해군기지 건설 사업에 대항해서 투쟁할 의지가 있다면 내 재판이 그 장이 되기를 원한다. 역사는 훗날 부당하고 불의한 법관들을 심판할 것이다. 그러나 정의로운 변호사와 판사들은 그 역사를 단축한다. 앞으로 희생당할 사람들과 파괴될 자연과 문화유산을 구원할 변호사들이 법정에 설 수만 있다면 천일이라도 이 감옥을 지킬 의향이 있다.

5월 6일, "4평짜리 감옥에서 배우는 민주주의"

그사이 몇 명의 수용자들이 떠나고 새로운 수용자들이 빈자리를 채웠다. 한 수용자는 제일 어린 축에 속하는 '조폭' 청년이었다. 재판을 받고 돌아와 보니 분위기가 무거웠다. 이 청년이 가장 아랫목 창가를 차지하였고 짐들도 자기 위주로 다시 정리해 놓았다. 또 공용 수건들을 치우고 자기 개인 수건을 걸어 놓았다. 말이 많던 원래 봉사자도 말수가 없었고 아랫목을 빼앗긴 채 구석에 앉아 있었다. 무언가 어색한 침묵과 긴장이 흐르고 있었다. 저녁에 잠자리를 만들 때도 이 신참이 자기 마음대로 하려다가 다시 험악한 분위기가 만들어졌다. 코를 고는 나이든 재소자에게 코를 골면 베개로 얼굴을 처버리겠다고 위협했다. 무거운 침묵이 밤새 감방을 내리눌렀다. 나도 잠을 설쳤다. 예닐곱밖에 안 되는 사람들이 작은 방 하나 안에서도 평화로운 관계를 맺기가 쉽지 않다. 그리고 무언가 상황을 변화시켜야 한다는 생각이 들었다.

다음 날 어린 조폭 청년이 자기가 이 방에 맞지 않는다고 이야기를 꺼냈다. 자기는 '각'을 잡아야 좋은데 이 방은 그렇지 않다고 했다. 그러자 다른 재소자들이 지금이 어느 때인데 '각'을 잡으려 하냐고 대들었다. 다들 여러 차례 감방을 출입했던 소위 '빵잡이'들인데 이들이 다행스럽게도 교도소의 오랜 관행에 대해 반기를 든다는 사실이 반가웠다. 결국 이 청년은 우리 방에서 쫓겨나 다른 방으로 옮기게 되었다. 아직도 조폭들은 자기 방식으로 통치하려 든다. 이불도 빨래도 설거지도 청소도 모두 신참에게 시키고 공포 분위기를 조성한다. 교도소의 잘못된 관행이다. 게다가 맘에 들지 않는 사람은 '왕따'시켜 비참하게 만들고 남은 음식을 강제로 모두 먹게 한다든지, 대소변을 자유롭게 하지 못하게 하는 그런 관행들이 있었다고 한다.

그러나 다행히 우리 방에서는 작은 민주주의를 실험한다. 회의를 하는 것이다. 이것은 교도소에서 경험하기 힘든 시도다. 함께 서로 애로 사항을 이야기하고 귀찮은 일도 모두 돌아가면서 한다. 고참들한테는 몹시 불편하다 못해 수치스러울 수도 있지만 다행히 우리 방의 수용자들은 대부분 '빵잡이'임에도 불구하고 타인을 존중하는 분위기를 만들어 간다. 그러나 감옥이 우리가 원하는 사람만 들어오는 곳이 아니기 때문에, 이런 분위기를 계속 유지해 나가기 위해서는 투쟁하지 않으면 안 된다. 감옥이라 할지라도 민주적인 질서를 유지하기 위해 회의 구조를 만들어 나가는 것, 그것이 4평짜리 세상에서 새롭게 배우는 민주주의다. 우리 방의 수용자들 모두에게 깊이 감사하고 싶다. 약자를 짓누르고 지배하려 들지 않고 귀찮은 일을 기꺼이 먼저 처리해 주는 고참 '빵잡이'들, 코 고는 수용자를 관용해 주고 아무 일 없다는 듯 지내 주는 수용자들에게 진심으로 감사하다.

5월 23일, "교회들은 비대하고 교인들은 허다해도"•

박정경수 형제님께,

경수 형제님, 저는 다행히 감옥에서조차 평화를 누리고 있습니다. 그러나 강정마을에서 매일같이 불의한 공권력에 맞서 싸워야 하는 주민들의 고단한 일상을 생각할 때면 마음이 무거워집니다. 저만 감옥에서 이

• "복음과상황" 2012년 7월호

기적인 평화를 누리고 있다는 가책을 느낍니다. 감옥은 저의 삶을 성냥갑처럼 작은 공간 안으로 집어넣었습니다. 자유만 없는 것이 아니라 시원하고 신선한 공기도 따스한 햇볕도 없는 무미한 보호 공간입니다. 매일 새벽 차가운 바다를 가르고 구럼비에 가서 기도하던 습관 때문에 이곳에서도 그 시간만 되면 눈이 떠집니다. 먼동이 트는 동편의 검은 철창 실루엣이 자유를 막고 있는 감옥의 실재를 느끼게 합니다. 일어나 마룻바닥에 무릎을 꿇고 기도드립니다. 구럼비의 파괴를 막아 달라고, 산산이 깨어진 강정마을 공동체에 평화를 달라고, 아름다운 제주도가 비무장 평화의 섬이 되게 해 달라고, 마지막으로 한라에서 백두까지 평화 통일 운동이 불길처럼 번져나가게 해 달라고 기도드립니다.

예전에 형제님을 접견하러 간 곳은 성동구치소였습니다. 철창을 사이에 두고 만난 형제님의 모습을 보며 눈물이 앞을 가렸습니다. 젊음의 가장 소중한 시간을 무의미하게 허비하도록 강요하는 감옥에, 형제님이 자신의 신앙과 양심을 지키려는 대한민국의 모든 젊은이를 대신하여 갇혀 있는 것처럼 보였습니다. 우리 조국이 신(神)이 부여한 자유를 실천하는 젊은이에게 그런 잔인한 처벌밖에 할 수 없는 야만적인 나라라는 것이 원통했습니다.

저에게는 가족 모두가 숨기기를 원했던 어두운 가족사가 있습니다. 먼 친척 중 한 명이 여호와의증인이었습니다. 오래 전 일이지요. 강제징집 됐는데, 집총을 거부했기에 심한 구타와 참을 수 없는 고문을 당했습니다. 그러나 이를 참지 못하고 자신을 괴롭혔던 군인들에게 총을 난사하여 여럿을 죽였고 결국 군법회의에 회부되어 사형을 당했습니다. 죽은 젊은이들 모두가 전쟁과 군대의 불쌍한 희생자들인 게지요.

자신의 신앙과 신념을 지키려는 젊은이들이 국가의 폭력으로 감옥에 갇히고 고통을 겪는 것을 바라보는 일이 마음 아픕니다. 형제님 같은 양심적 병역 거부자들을 면회하러 교도소 앞마당을 들락거렸던 때가 엊그제 같은데 이제는 입장이 바뀌었네요. 누군가 선교사를 환송하러 공항에 다섯 번만 나가면 어느새 자신도 선교사가 되어 환송을 받게 된다고 하던데 교도소 앞마당도 그런 것 같습니다. 양심수 접견 네댓 번 하다 보면 자신도 어느 순간 양심수가 되어 감옥에 갇혀 접견을 받게 되는가 봅니다.

교도소 앞마당은 배움의 장이지요. 교도소의 높은 담은 우리 마음속에 있는 높은 장벽입니다. 그 담장을 넘어갈 만한 행동은 무엇이든 할 수 없도록 만드는 삼엄한 의식의 경계선입니다. 감옥에 간 사람은 나쁜 짓을 한 사람이라는 사회적 통념을 벗어나기는 어렵습니다. 그리스도인들도 예외는 아닙니다. 그러나 역사를 돌아보면 예수님과 그 제자들이 모두 전과자들이었고 초대교회 그리스도인들도 투옥을 불가피한 고난으로 알고 감수하였습니다. 예전에는 신앙으로 인해 받는 박해였지만, 지금 종교의 자유가 보장된 대한민국에서 종교 박해는 더 이상 없지 않느냐고 반문하실 분도 많이 계실 겁니다. 여기서 과연 신앙이 무엇인가라는 질문을 하게 됩니다. 오늘날의 국가는 더 이상 예배드리고, 기도드리고, 성경 보고, 교회 다니는 일을 금지하지는 않습니다. 그러나 당신이

기도드린 내용과 성경으로부터 배운 바, 예배를 통해 결단한 바를 실천할 때는 이야기가 달라집니다. 신앙의 실천은 개인적인 차원의 시혜나 봉사를 넘어서 훨씬 더 복잡다단한 사회관계망 속으로 우리를 초대합니다.

형제님도 살인하지 말라는 성경의 가르침, 그리고 네 이웃을 네 몸처럼 사랑하라는 예수 그리스도의 말씀을 실천하려 군 복무와 집총을 거부하였고, 그로 인해 1년 6개월이란 긴 시간을 감옥에 갇혀 있을 수밖에 없었으니 제가 무엇을 말하려고 하는지 잘 알고 있을 것입니다. 양심적인 병역 거부에 대해서는 이후에 다시 이야기할 수 있기를 바랍니다.

그리스도인들이 감옥 가기를 두려워하면 신앙의 실천은 교회의 울타리 안에 머물 수밖에 없습니다. 그러다 보니 기독 청년들이 우리나라의 평화 통일과 같은 절박하면서도 거대한 역사의 흐름을 비켜가게 되는 것이지요. 그래서 교회들은 비대하고 교인들은 허다해도 안타깝게 우리 사회 현실의 변화에는 거의 기여하지 못합니다. 이런 점에 있어서는 불교도들도 마찬가지입니다. 불자들이 살생을 금하는 부처님의 근본 가르침을 실천한다면 군대도 안 갔을 거고 세상에 전쟁은 없어졌을 겁니다. 그러나 국가 공권력 앞에서는 불교 역시 마찬가지로 무기력합니다. 심지어 군대에 군승까지 있으니 무슨 말을 더 하겠습니까?

저는 젊은 그리스도인들이 형제님처럼 법과 처벌을 두려워하지 않고 자신의 신앙과 양심을 실천할 수 있기를 바랍니다. 물론 용기가 필요하겠지요. 불의에 맞서 정의를 실천하고 폭력에 맞서 평화를 실현하기 위해 하나님께 두려움을 물리쳐 주시고 용기를 달라고 비는 기도는 진실합니다. 우리는 그런 기도 속에서 고독을 경험합니다. 좁은 문으로 들어가는 험한 길에 들어서는 외로운 자신의 모습을 보게 되는 것이지요. 진실과 정의를 따르는 사람은 본래 고독합니다.

여러 나라의 갈등과 분쟁의 현장에서 화해와 평화를 위한 학교를 세워 왔던 '개척자들'이 해군기지 반대 활동에 참여하는 것이 형제님께는 큰 변화로 보였다고 했지만, 사실 이 둘은 동전의 양면처럼 하나의 문제로 귀착합니다. 곧 전쟁입니다. '개척자들'은 지난 십여 년 동안 모양은 달라도 한결같이 전쟁을 막고 평화를 만드는 일에 천착해 왔습니다. 이 전까지는 다른 나라에서 전쟁 이후에 남겨진 난민들의 고통에 동참했다면 강정 해군기지 반대 활동은 우리나라가 저지르는 무모한 전쟁 준비를 막으려는 것입니다. 그 어느 것 하나 쉬운 일은 없지만 국내에서의 평화 활동은 우리나라 정부에 대항해야만 하는 것이라서 더 어렵습니다. 외국에서는 평화 봉사라고 칭송받는 활동도 우리나라에서는 반정부 활동으로 비난받는 것이지요. 남의 눈의 티는 잘 보여도 자기 눈의 들보는 보지 못한다는 예수님의 말씀은 국가에도 적용됩니다. 우리는 북한이나 일본 같은 다른 국가의 악에 대해서는 쉽게 분노하면서 우리나라의 죄악에 대해서는 인식조차 못하곤 합니다. 저는, 내 조국 대한민국이 다른 나라에 비해 더 정의롭거나 더 평화적이라고 믿지 않습니다. 대한민국 정부는 권력자들과 부자들을 우선적으로 보호하고 사법부는 권력자들의 충복이 되어 있습니다. 국가 권력의 가진 자 편들기는 '소위' 그리스도인이 대통령이 된 현 정권하에서 더 심해졌습니다. 정부에 의해 순진

무고한 주민 600여 명이 체포 연행되고, 300명 이상이 사법적으로 처벌당한 강정마을에서 거룩한 가면 뒤에 감춰진 이 악독한 대한민국 정부의 진면목이 적나라하게 드러납니다. 이런 현장에서 고통당하는 이웃을 도우려는 선량한 시민은 범죄자로 간주되어 감옥에 갇히게 됩니다.

평화를 만드는 사람은 교도소의 담장을 타는 위태로운 삶을 살아갈 수밖에 없습니다. 2003년 미국을 방문한 적이 있습니다. 그때 이라크와 콜롬비아 등지에서 자국이 벌이고 있는 전쟁 피해자를 돕는 '크리스천 피스메이커 팀즈'(Christian Peacemaker Teams, 이하 CPT)라는 평화 단체를 방문했습니다. 지금은 돌아가셨지만, 당시 대표였던 슈톨츠 푸스가 자기 차에 저를 태워 집으로 가던 중 시내 한복판에서 왼편을 가리키며 "우리 CPT 멤버들이 모두 이 집에서 살았어요"라고 말했습니다. 눈을 돌려보니 붉은 벽돌로 된 담의 상단이 보이지 않을 정도로 높았고 양쪽 끝도 한눈에 들어오지 않을 정도로 큰 집이었습니다. 저는 이 가난한 평화 단체의 집이 어떻게 저렇게 클 수가 있을까 의문스레 쳐다보고 있었는데 잠시 후 차창으로 그 집의 정문이 보였습니다. 그 정문 석판에 "시카고 교도소"라고 크게 새겨져 있는 것을 보고 함께 크게 웃었던 적이 있습니다.

언젠가 IVF 집회에서 강연을 했는데 한 청년이 제게 질문을 했습니다. "많은 청년이 젊을 때는 그리스도를 위해 헌신을 결심하지만 점차 그런 신앙을 잃어버리는 이유가 무어라고 생각하시는지요?" 저는 "자신의 신앙을 실천하는 데 따르는 고난의 경험이 부족하기 때문"이라고 답했습니다. 그 고난은 육체적인 고통, 물질적인 손해, 자유의 구속을 포함합니다. 고난으로 단련되지 않는 신앙은 유혹이나 위협이 오면 쉽게 포기하거나 타협하게 됩니다.

형제님이 보내 주신 편지에는 다른 질문들도 있었지만 지면 관계상 다음 기회에 답변해야 할 것 같습니다. 오늘 제 이야기는 교도소 앞마당에만 머물렀네요. 감옥의 철창살 사이로 녹음이 나날이 더 짙어져 가는 한라산이 보입니다. 이제 봄날이 다 갑니다. 환절기에 건강 조심하기를 바라며, 평화를 빕니다.

제주교도소에서, 송강호 드림

5월 29일, "재호에 대해"

교도소에서 제공하는 마지막 온수 목욕을 했다. 물론 가을이 되면 다시 온수 목욕이 시작되겠지만 내가 그때까지 수감되어 있을지는 알 수 없다. 오늘은 재호(가명)와 서로의 등을 밀어 주었다. 재호는 아직 서른이 채 못 된 앳된 청년이다. 재호는 자기 아버지를 죽이고 존속 살인으로 7년형을 선고받아 항소 중이다. 그의 등을 밀어 주면서, 재호도 언젠가는 아버지가 그의 등을 밀어 준 적이 있었겠구나, 하는 생각이 들었다. 자신의 뼈와 살을 만들어 준 아버지를 주먹으로 때리고 발로 걷어차 선혈이 낭자해지도록 폭행을 한 잔인 무도한 살인범이라고 하기에는, 재호의 모습은 너무도 청순하고 어려 보인다. 그의 보드라운 등을 밀어 주며 내 아들 한별이의 등을 미는 것 같은 착각이 들었다. 이 아이도 남에게 말

못할 사연이 있겠구나…. 아마 재호가 내 등을 밀면서도 돌아가신 아버지 생각이 났을 게다. 아버지와 아들이 왜 그런 비운의 관계가 될 수밖에 없었을까? 재호가 나와 같은 아버지를 만나고 한별이가 돌아가신 재호의 아버지 같은 부모를 만났다면 어떠했을까? 재호가 아버지로부터 좀더 따뜻하게 배려받을 수 있었으면 얼마나 좋았을까? 아버지를 죽이고 스스로 고아가 된 외로운 아들의 모습에 연민을 느낀다.

6월 3일, "감옥일지, 감옥의 역사"

어제 아침 7시경 두 수용자가 다투었다. 어린 사람이 모닝 커피를 마시기 위해 자기 컵을 가져온 것에 대해 고참 수용자가 못마땅한 눈초리로 째려 본 것이 발단이 되었다. 기분이 상한 젊은 수용자가 식기 세척을 깨끗이 못한다고 엉뚱한 사람에게 화를 내어 또 다른 사람과 다툼이 벌어졌다. 언성이 높아지고 욕설을 하며 서로 다투다가 결국 두 사람은 관구실로 호출되어 징벌을 받게 되었다. 관구실에서도 서로 화해가 안 되어 봉사자였던 고참 수용자는 독방으로 전방을 가게 되었고 젊은 수용자는 징벌 딱지를 받았다. 봉사자는 전방을 가면서 자신이 구매한 것과 접견물을 하나도 남기지 않고 다 가져가서 우린 주말에 먹을 것이 하나도 없게 되었다. 방의 여러 수용자들은 함께 먹으려고 구매한 것까지 다 가져간 것에 대해 몹시 분해했다.

방의 분위기는 몹시 심란했고 우리는 모여서 봉사자가 공석이 된 상황을 어떻게 대처할 것인지 논의했다. 감방 생활을 여러 차례 했던 소위

'빵잡이'들이 내가 봉사자를 해야 한다고 주장했다. 이들은 오늘 소란을 일으킨 젊은 수용자가 봉사자가 되고 싶어하는 눈치라고 보고 그가 봉사자가 되면 계속 분란이 생길 것이라며 걱정했다. 그리고 누군가 안에서 봉사자를 하지 않으면 밖에서 소위 '각'이라고 불리는 조폭이 봉사자로 지명되어 들어오게 될 가능성이 있는데, 그렇게 되면 감옥 생활이 힘들어진다는 것이었다.

결국 회의 끝에 내가 조건부로 봉사자를 맡기로 했다. 조건부란 고참의 특권을 없애고 모든 수용자가 돌아가며 귀찮은 설거지, 청소, 잡일들을 예외 없이 하는 것과 일주일에 한 번 전체 회의를 해서 그 시간에 불만이나 제안들을 나누도록 하는 것이었다. 안에서 다시 서로 싸우면 내가 방에서 쫓아내겠다고 으름장을 놓았다. 역할 분담 표까지 만들어 벽에 붙여 놓으니 누군가 '모범방'이라며 비아냥거렸지만 상관없었다. 낯선 것에 대해서는 항상 불신과 기대가 뒤섞이는 법이니까. 그 젊은 수용자는 주일 저녁에도 이부자리를 가지고 불만을 쏟아냈다. 다툼으로 번지지는 않았지만 분위기가 서늘해졌다. 이번 주말은 텔레비전이 안 나오는 시간에 서로 많은 이야기를 했다. 감옥 생활에 대해서도, 군대 생활에 대해서도 이야기를 나누었고 저녁에는 자신들의 여성 편력에 대해서도 질펀한 이야기를 늘어 놓았다. 나는 꿀 먹은 벙어리마냥 앉아 듣기도 하고 책을 보기도 했다. 주말이 어수선하고 글을 쓸 분위기가 못되었다. 하승우의 책 「민주주의에 반(反)하다」의 마지막 단락을 주말 내내 생각했고 실행하려고 했다.

'누가 조직하고 마이크로 고함을 치지 않아도 사람들은 항상 둥글게 모여 앉아 회의한다. 마치 회의라는 본능을 타고난 것처럼. 시간이 흐르면 규칙도 자율적으로 짠다. 모여서 생각을 나누고 같이 규칙을 짜는 행동은 우리가 세상을 조금 더 넓게 보고 강한 힘을 만들 수 있게 한다. 지금 우리에게 필요한 것은 둥글게 모여 앉는 것이다.'

나는 어제부터 '감옥일지'를 쓰기 시작했다. 이 작은 감방에서 살아가는 사람들에 대한 이야기를 기록으로 남기려 한다. 작은 방 하나 안에서도 평화가 필요하고 사람이 살 수 있는 공간이 되어야 한다. 그것이 에큐메니컬 운동의 작은 실천이라고 본다. 에큐메니컬(ecumenical)을 뜻하는 헬라어 '오이쿠메네'(oikumene)의 어원인 '오이코스'(oikos)는 집 또는 살림을 뜻한다. 이 작은 감방도 사람이 살 만한 공간, 인간의 존엄성이 지켜지는 곳이어야만 한다. 감옥일지 서문에 이렇게 썼다.

'세상 사람들은 감옥을 사회의 맨 밑바닥이라고 한다. 그러나 이곳에도 사람이 있고 기록으로 남겨야 할 역사가 있다.'

고집스럽게 깎지 않았던 수염도 깎아야 할 것 같다. 어린 사람들을 위한 봉사자라는 책임 때문에. 조금 서운하지만 원래 나는 종이 아니었던가? 타인의 강요에 의해 종이 된 사람은 노예다. 그러나 타인을 위하여 스스로 종이 되기로 선택한 사람은 자유인이다. 오십대 중반에 사회의 맨 밑바닥 전과자들이 모인 4평짜리 감방을 섬기는 사람이 되었다. 만감이 교차한다.

6월 28일, "우리는 길을 잃었습니다."
제주도민일보 오석준 편집국장에게 보내는 글•

본지의 창간 두 돌을 회상하는 오석준 편집국장의 6월 18일자 칼럼을 읽으며 "20년 같은 2년"이란 글귀가 눈에 들어왔습니다. 진실을 보도하기 위한 제주도민일보 기자들의 힘겹고도 피곤했던 시간들을 말해 주는 것 같아 마음이 아팠습니다. 저는 강정마을에서 해군기지 건설 반대 활동을 하다가 현재 구속 수감 중입니다. 그리고 이곳 제주교도소에서도 제주도민일보를 정기 구독하는 애독자이기도 합니다. 제가 교도소에 와서까지 본지를 구독하는 이유는 이 신문만이 해군기지로 인해 고통을 겪고 있는 강정 주민들의 애환을 어루만지는 유일한 도내 종이 신문이기 때문입니다. 늦었지만 진심으로 본지의 창간 두 돌을 축하드리며 앞으로도 어둠 속에서 고난을 당하는 시민들의 눈물자국이 묻어나고 땀 냄새가 배어나는 신문으로 남아 있기를 바랍니다.

저는 제주도를 사랑해서 찾아온 '육지' 사람입니다. 그렇지만 저의 제주 사랑은 거짓에 속은 사랑이었습니다. 그것은 바로 제주도가 특별자치도요, 평화의 섬이라는 거짓말이었습니다. 2005년 저는 쓰나미로 14만 명이 한순간에 몰살당한 인도네시아 반다아체의 고아들과 독거노인을 위한 집을 짓고 있었습니다. 당시 반다아체는 2차 대전 종전 이후부터 계속 독립을 위한 투쟁을 하고 있었습니다. 60년 동안의 지루한 게릴라

• http://goo.gl/NvDUw

전쟁으로 지칠 대로 지쳐있던 아체 주민들에게 평화는 간절한 소망이었습니다. 제가 아체에 머물고 있던 시절, 아체는 인도네시아 정부와의 평화 협정 체결이 임박했다는 희망의 메시지로 들떠 있었습니다. 산악 속에 숨어 지내던 게릴라들이 반납한 총들을 시민들이 지켜보는 가운데 절단했고, 게릴라들은 반평생 떠나 살았던 자기 고향에 관광버스를 타고 낯선 이방인이 되어 돌아왔습니다. 분쟁과 살상으로 점철되었던 아체 주민들의 모든 동경과 희망은 평화라는 한마디 말 속에 전부 응축될 수 있었습니다. 저는 그런 '아체의 봄' 온기 속에서 멀리 우리 조국으로부터 들려오는 평화의 소문을 듣게 되었습니다. 바로 우리 제주도, 3만여 명의 무고한 시민들이 총칼에 의해 희생된 제주도가 평화의 섬으로 선포되었다는 가슴 설레는 소식이었습니다. 저는 돌아가면 반드시 제주도를 찾아가리라 결심했고 결국 제주도민이 되었습니다.

그러나 제주도는 제가 기대하고 동경했던 평화의 섬이 아니었습니다. 특히 강정마을은 누가 적인지도 구체적으로 명시할 수도 없는 미지의 대상을 적으로 상정한 채, 주민들의 땅과 바다를 강제로 빼앗아 거대한 해군기지를 건설하고 있었습니다. '평화의 섬'은 '평화와 번영의 섬'이라는 모호한 물타기로 희석되었고, 한때 평화의 섬은 비무장이어야 한다고 선언했던 학자들이 이제는 평화의 섬과 해군의 군사기지가 양립할 수 있다는 궤변을 늘어놓았습니다. 신념이 없는 학자들은 시류에 편승하고 철학이 없는 정치가들은 권력자들에게 휘둘리는 법입니다. 제주도는 이런 학자들과 정치가들 그리고 이들의 비틀거리는 행보를 방조하는 법관들에 의해 표류하는 섬이 되어 버렸습니다. 이런 암울한 현실 속에서 지난달 8일 "해군기지 대안은 무엇인가?"라는 토론회에서 신용인, 고창훈, 양길현 제주대 교수와 고제량 씨의 제언은 그래도 희망을 주는 지성들이 살아 있음을 보여 주었습니다. 이분들이 주장했던 것처럼 우리는 '평화와 자연'이 제주도의 절대적 가치임을 깨달아야 합니다.

안보 논리에 의해 이 소중한 가치들을 묵살시켜 버린 오늘의 제주도는 어두운 수렁으로 빠져들고 있습니다. 문제는 이런 진언과 바른 주장들이 제주도에서 변방의 북소리가 되어 가는 안타까운 현실입니다. 저는 지난 10여 년 동안 국제적인 평화활동 단체를 이끌어 가면서 지도력이란, 바른 판단력과 미래를 내다보는 전망 그리고 인화 단결을 이룰 수 있는 능력이라는 생각을 갖게 되었습니다. 저는 우근민 도지사에게서 이 모든 능력이 결여된 총체적인 지도력의 부재를 보게 됩니다. 제주도가 해군기지를 받아들이기로 한 결정은 바른 판단에서 비롯된 것이 아닙니다. 해군기지는 제주도민을 위한 것도 아니고 국가 안전에 도움이 되는 것도 아닙니다. 우근민 도지사는 제주특별자치도를 다시 대한민국 정부와 군부에게 종속시키고, 안전하고 평화로운 섬을 적의 표적으로 만들어 놓았으며, 아름다운 절대보존지역과 천연기념물을 다 부서뜨리고, 그 위에 시멘트 콘크리트를 쏟아붓는 그릇된 결정을 내렸습니다. 돈이 될 만한 것이라면 무엇이든 붙잡으려는 제주도정의 근시안적인 정책은 신용인 교수가 지적했듯이 비전이 없습니다. 옛 경전에 '비전이 없는 백성은 망한다'고 했듯이 이것이 제주도민의 현실을 말해 주고 있습니다.

새누리당의 박근혜 의원은 제주도민들의 환심을 사려고 제주도를 하와이와 같은 섬으로 만들겠다고 했는데, 하와이는 제주도의 바른 미래 비전이 아닙니다. 우리는 정치인들의 이런 거짓된 허상(illusion)을 진정한 환상(vision)인 양 신기루처럼 따르다가 아름다운 자연과 소중한 공동체를 파괴시켜 왔습니다. 지금 벌이는 4대강 사업과 원전 건설로 인한 주민들의 불안과 고통과 분노는 현재 진행 중인 파멸의 이야기들입니다.

제주도가 다시 살아날 수 있는 길을 찾기 위해서 도민들과 정부와 도정과 기업들이 모두 둘러앉아 대화를 시작해야 합니다. 다시 '소통의 문'을 여는 것이지요. 해군은 국가 안보를 위해서 작은 마을 하나쯤은 희생양으로 만들 수도 있다는 '애국'으로 포장된 사악한 신념을 내려놓아야 합니다. 강정마을 주민들도 지금까지 당한 억울한 감정들과 분노를 버려야 합니다. 삼성과 대림도 물욕과 이익을 넘어서서 기업의 사회적 기여라는 차원을 신중히 고려하여 공사를 일단 중단하고 대화에 참여해야 합니다. 우근민 도지사는 비겁하게 중앙의 권력자들과 선거권을 가진 주민들 사이에서 눈치만 보지 말고 제주도민들의 자존심을 지켜 줄 진정한 도민의 대표로 다시 서서 도민들을 근심스럽게 만드는 어리석은 지도자라는 오명을 벗어 버려야 합니다. 경찰과 법관들은 작은 마을 강정에서만 이미 600명이 넘는 시민을 체포 연행했고 300명 이상을 처벌했습니다. 지금도 수십 명이 재판에 계류 중입니다. 무고한 시민들을 투옥시키고 벌금을 물리는 길에서 돌아서야 합니다. 다시 대화의 자리로 돌아와 우리 모두가 손에 손을 잡고 같이 갈 새롭고도 바른 길을 찾아 나가기 위한 대화를 시작합시다. 이미 늦었다고 고집부리지 맙시다. 만일 지금 돌아서지 않는다면 우리는 다시는 돌아올 수 없는 나락으로 떨어질 수도 있음을 잊어서는 안 될 것입니다.

사단법인 개척자들 전 대표 송강호 드림

7월 1일, "진실은 가장 강하다."

수감된 지 3개월이 지났다. 장마전선이 북쪽으로 올라가고 무덥고 후텁지근한 여름이 찾아왔다. 한라산은 거의 언제나 짙은 구름에 가리워져 그 모습이 보이지 않는다. 가끔 구름 사이로 비치는 한라산의 산록은 거의 검푸른 색깔이 되어 버렸다.

잉게 숄(Inge Aicher-Scholl)이 쓴 「아무도 미워하지 않는 자의 죽음」(*Die Weisse Rose*, 푸른나무 역간)•을 다시 읽었다. 나치 치하에서 저항했던 뮌헨 대학생들의 가슴 저미는 슬픈 이야기다. 왠지 히틀러의 나치 독일과 오

• 이 책은 나치 치하에서 끝까지 자유와 행복을 위해 싸웠던 독일 뮌헨 학생들의 저항 조직 '백장미단'의 활동과 장렬한 최후를 담고 있다. 백장미단은 나치 체제 독일에서 저항 조직을 최초로 조직하고, 체계적으로 히틀러에게 반기를 든 단체다. 이들은 모두가 '아니오'라고 말할 용기를 잃었을 때, 등사기를 사용해 수천 장의 전단을 만들어 '전쟁 기계' 히틀러 체제의 부당함을 고발했다. 이 책의 주요 인물 한스 숄과 그의 여동생 조피 숄, 그들의 친구였던 크리스토프 프로프스트, 전단에 글을 쓴 철학과 교수 쿠르드 후버 등은 1943년 짧은 생애를 마쳤다. 독일에서는 이 책을 인권에 대한 가치관과 민주에 대한 개념을 정확히 심어 주기 위해 청소년들을 대상으로 한 수업 교재로 사용하고 있다.

늘날 민주주의가 퇴보하고 비밀주의가 성행하는 우리나라가 서로 닮은 꼴이라는 생각이 들었다.

이런 대목이 나온다. "그는 조국의 위대성과 번영, 복지를 위해 일할 것이라고 약속했다. 그는 모든 사람들에게 빵과 직장을 약속했으며 국민 모두가 독립된 자유롭고 행복한 생활을 이 조국에서 영위할 때까지 쉬지 않고 일하겠다고 공약했다." 히틀러의 약속이었다. 숄의 아버지는 히틀러의 등장으로 독일 국민이 겪을 수밖에 없었던 갈등과 고통을 자녀들에게 이렇게 말했다. "이건 전쟁이야. 평화스럽게 지내온 같은 민족 사이에서 벌어진 전쟁이란다. 저항할 힘이 없는 한 사람 한 사람, 그리고 어린이들의 행복과 자유를 앗아가는 전쟁이란 말이다. 참으로 끔찍한 죄악이야." 나는 이런 고백을 강정 주민들에게서 여러 차례 들었다. "우리는 마치 언뜻 보기에는 아름답고 깨끗한 집이지만, 꽉 닫힌 지하실 안에서는 무섭고 공포에 찬 기분 나쁜 일들이 벌어지는 집에서 살고 있는 듯한 기분에 사로잡혔다"는 한스 숄의 두려움이 바로 우리들의 현실 아닌가? 4대강, 아라뱃길, 한강 르네상스 등으로 화려하게 포장된 정권의 치장들, 그러나 그 배후에는 용산 참사, 한진중공업과 쌍용자동차 노동자들의 숱한 죽음들을 겪는 것이 우리나라의 현실 아닌가? 뮌헨의 젊은 이들이 느꼈던 '종종 이 세상이 낯설고 고독하며, 신에게 버림받은 땅이라는 느낌'이 바로 우리들의 경험과도 같다.

"국가는 결코 그 자체가 목적이 될 수 없다. 국가의 존재란 단지 그 체제 밑에서, 인간의 목적을 달성하기 위하여 존재하는 계약으로서의 중요성을 갖고 있을 뿐이다. 헌법 체제가 정신의 발전을 거부하고 있다면 마땅히 그 체제는 유해한 것이며 배척되어야 한다." 전장에서 돌아온 한스 숄의 생각은 바로 우리의 염원이기도 하다. "언제쯤에야 이 나라는 수백만의 평범한 사람들이 갈구하는 조그마한 행복이 무엇보다도 귀중하다는 사실을 깨닫게 될까? 언제쯤에야 이 나라는 매일매일의 평범한 삶을 짓밟아 버리는 맹목적인 국가 이념의 멍에로부터 벗어날 것인가? 언제쯤에야 저들은 국민 전체를 위해서나 개개인을 위해서도 그들이 평화롭게 살 수 있도록 보이지 않게 노력하는 것이 전장에서 이기는 것보다 더 위대하다는 사실을 알게 될까?" 나치에 저항했던 뮌헨 학생들의 저항조직 백장미단의 세 번째 편지 서두에는 이 모든 것이 함축되어 있다.

"최상의 법은 국민을 존중하라는 것이다"(Salus publica suprema lex).

당시 신문들에 대한 기록도 우리나라의 현실을 연상시킨다. "신문은… 사람들의 정신을 애매모호한 어둠 속에 몰아넣는 역할을 수행하기 때문이다. 매일같이 사형선고가 내려지고 사람들이 무더기로 전사해 버리는 사실에 대해서도 보도하지 않는다. 신문은 그들 죄수의 창백한 얼굴 뒤쪽에 무엇이 있는가를 보지 못하고, 그들의 심장 뛰는 소리를 듣지 못하며, 독일 전역에 울려 퍼지는 소리 없는 아우성을 듣지 못하는 것이다."

동시대를 살고 있는 그리스도인들에 대해서도 비관적이었다. "나는 오늘날 경건한 사람들이 신의 존재를 두려워하는 것을 이해할 수가 없다. 왜냐하면 신의 자취를 쫓아가는 인간들이 하는 짓이라는 것이 고작 칼부림과 같은 수치스러운 행동이기 때문이다. 사람들은 단지 존재만을 위한 삶을 두려워해야 한다. 왜냐하면 인간의 존재가 인간의 삶을 외면하기 때문이다."

한스 숄은 아버지와 어느 봄날 산책하면서 들었던 아빠의 소원을 잊지 못했다. "내가 너희들에게 바라고 싶은 것은 비록 인생의 길이 험난하다 할지라도 너희들이 인생을 자유롭고 올바르게 살아 주었으면 하는 것이다." 나도 내 자녀들이 이런 삶을 살기를 간절히 바란다. 숄은 25세의 나이에 처형당했다. 그는 감옥 벽에 "모든 폭력에 대항하여 꿋꿋하게 살리라"고 새겼다. 아버지가 늘 중얼거렸던 괴테의 문구였다. 그의 여동생 소피 숄은 22세의 나이에 처형당했다.

독일뿐 아니라 유럽 전역을 공포의 도가니에 몰아넣었던 권력자 히틀러와 나치들은 역사의 저편으로 사라졌다. 비참하고도 초라한 몰락이다. 그러나 슬픈 죽음을 당한 젊은이들의 영혼은 우리의 가슴속에 다시 살아나 소중하게 간직되어 있다. 진실은 연약해 보여도 가장 강한 것이다. 단 한 사람이라도 그 증인이 살아있을 때, 진실은 그 힘을 발휘할 수 있다. 그러나 아무도 진실을 증거할 사람이 없다면 이 세상은 여전히 암흑 시대로 남아 있으리라. 우리 한 사람 한 사람이 최후의 증인처럼 살아가야 한다. 곧이어 처형당한 후버 교수는 최후 진술문의 마지막을 피히테의 시로 맺고 있다.

"너는 독일의 모든 것이 너와 너의 행동에 달려 있는 것처럼 그렇게 행동해야만 한다. 그것이 너의 책임이다."

칠흑 같은 어둠에 갇힌 시대 속에 희망의 촛불을 들어야 할, 우리 모두에게 울리는 메아리가 아닌가?

7월 6일 맑은 후 구름, "세 가지 선물"

밤마다 돌풍이 불어 잠이 깬다. 창밖에 걸어 놓은 빨래들이 바람에 아래층 땅바닥으로 떨어질까 봐 불현듯 깨어 빨래를 거둬들인다. 요즘 들어 거의 매일 밤바람 때문에 깨어난다.

감옥에서 지내며 받는 고마운 선물 세 가지가 있다. 밖에서 들어오는 것들이다. 하나는 햇빛이다. 아침 새벽에는 동편에서 뜬 해가 남쪽 벽면에 붉은 햇살을 비추고, 늦은 오후 해질녘에는 서편에서 지는 해가 북쪽 벽면으로 붉은 빛을 비춰 준다. 어린아이처럼 그 햇살을 고스란히 얼굴에 담고 앉아 있으면 손뼘 만큼의 햇살 조각이 얼굴 위에 얹힌다. 그 빛이 따스하다. 두 번째 선물은 바람이다. 한라산 쪽으로부터 시원한 바람이 감옥 쇠창살을 넘어 들어와 우리 방을 휘돌아 서쪽 복도 쪽으로 힘겹게 빠져 나간다. 방안에 걸어 놓은 수건과 행주들을 흔들며 신선한 바람이 방안에 우리와 함께 머물러 주는 것이 고맙다. 세 번째 선물은 새벽 여명이 밝기도 전에 창밖에서 지저귀는 새소리다. 창밖에서 '우리가 살고 있어요' 하고 재잘거리는 새들의 목소리가 아침을 깨우며 간밤에도 우리가 살아남았음을 일깨운다. 사람들은 감옥 안이 더럽고 탁한 공기로 가득 차 있다고들 이야기한다. 그 말은 감옥 안에서 살아가는 재소자들이 뿜어내는 암울한 분위기를 말하는 것일 게다. 강도, 강간, 살인, 사기, 마약, 폭행 등 수백 수천 가지 악행들을 모의하고 저질러 온 수감자들이 작고 어두운 방에 밀집해 있으니 어찌 깨끗한 정기가 방안에 담기겠는가마는, 이 답답하고 무겁고 어두운 감옥 안으로 들어오는 외부의 선물들이 우리가 살아 있음을 일깨우고 위로한다.

그래도 나는 다른 수감자들에 비해 훨씬 덜 적적하게 지낸다. 거의 매일 아내와 동료들과 친구들이 접견을 오고 편지와 엽서도 거의 매일 받게 되니 외롭지가 않다. '10분' 접견이 하루 종일 마음을 풍선처럼 부풀게 만든다는 것도 감옥에서 배운 인생 경험이다. 꼭 마약처럼 흥분된 상태가 하루를 간다는 사실이 스스로에게도 놀랍다. 9일이 되면 수감된 지 100일이 된다. 아침저녁으로 달력을 유심히 쳐다보며 하루하루가 지나가는 것을 확인한다. 자유롭고 싶다. 부당하게 내 자유를 뺏긴 것이 억울하다. 이런 억울한 감정들과 분노가 방안의 공기를 탁하게 만드는 것일 게다. 감옥에서 좋은 것들은 모두 밖에서 안으로 들어온다. 앉아 있기만 해도 후덥지근했던 하루가 지나가고 창밖으로부터 시원한 공기가 방안으로 들어온다. 감사하다.

7월 8일 흐림, "세상에서 가장 아름다운 노래"
대법원이 해군기지 건설의 부당성을 고발한 강정 주민들의 기소를 기각

시킴으로써 다시 한 번 강정 주민들을 절망과 낙심으로 몰아넣었다. 나의 재판과 미래에도 다시 한 번 암울한 징조가 드리운다. 내일은 동원이도 이 교도소로 이감되어 비록 만날 수는 없을지라도 가까운 어느 곳엔가 투옥될 것이다. 평화를 사랑하는 착한 젊은이가 쇠창살로 둘러싸인 음울한 감옥에 갇혀야 하는 이 뒤틀린 세상이 혐오스럽다. 홍세화의 「악역을 맡은 자의 슬픔」(한겨레출판)에 마음 아프게 읽었던 한 문단이 있다.

"그즈음이었다. 이 세상에서 '가장 아름다운 노래'에 대해 알게 된 것은. 프랑스 친구가 건네준 해묵은 잡지에는 한 노인의 사진과 함께 '세상에서 가장 아름다운 노래'라는 제목의 글이 실려 있었다. 1930년대 후반, 스페인의 좌파들과 공화주의자들은 프랑코에게 쫓겨 피레네 산맥을 넘어야 했다. 프랑코의 독재는 언제 끝날지 알 수 없었고 2만 명이 넘는 스페인 사람들이 프랑스 땅에서 기약 없는 망명 생활을 보내게 되었다. 속절없이 세월은 흘렀다. 10년, 20년, 30년… 청장년들은 노인이 되었고 하나 둘 동지들 손에 의해 남의 땅에 묻히기 시작했다. 흰 수염을 휘날리는 잡지 속의 노인은 이렇게 말하고 있었다. '우리들의 삶은 실패한 것인지 모른다. 그러나 우리는 이 세상에서 가장 아름다운 노래를 불렀다. 나는 그 기억만으로도 평화로이 눈감을 수 있다.'"

그렇다. 우리는 지금 강정에서 실패하고 있는지도 모른다. 지금까지 그래 왔듯이 강정에서는 다시금 불의가 정의를 무릎 꿇게 하고 폭력이 평화를 짓밟을지도 모른다. 그러나 우리는 지금 강정에서 '이 세상에서 가장 아름다운 노래'를 부르고 있는 것이다. 폭행을 당하고 억울한 일을 겪으며 심지어 투옥되고 수감될지라도 우리는 아름다운 음악으로 둘러싸여 있다. 감미로운 정의와 평화의 노래가 우리를 두르고 있다. 실패를 계속하자. 포기하지 않는 실패는 무너지지 않는 불굴의 의지에서 비롯된다. 정의가 마침내 승리할 것을 믿는 그 희망으로, 일흔 번씩 일곱 번 넘어져도 다시 일어나자. 만일 우리가 2-3년 안에 강정에서 해군기지를 쫓아낼 수 있다면 아마도 강정은 지난 10여 년간의 평화 경험을 비축할 수 있을 것이다. 그러나 만일 강정에 해군기지가 지어진다면, 강정은 앞으로 백 년 혹은 천 년이 넘도록 평화 활동가들을 길러내는 학교가 될지도 모른다. 고통스럽겠지만 그 길이 하나님의 길인지도 모른다. 나도 이런 긴 고난의 길을 걷고 싶지 않다. 그러나 우리의 길과 걸음을 인도하시는 분은 하나님이시니 우리가 어찌할 수 있겠는가!

    감옥에서 여호와의증인들을 많이 만난다. 거의 전부가 신앙에 따른 병역거부자들이다. 심성이 착하고 성실해서 다른 재소자들을 섬기는 봉사자로 많이 활동한다. 우리 방의 재소자들도 그들이 나눠 주는 '파수대'나 '깨어라'와 같은 월간지들이나 소책자들을 받아서 보기도 한다. 교도소가 여호와의증인들에게는 중요한 선교의 장이자 신앙 단련의 학교이기도 한 것 같다. 재소자들은 신앙에 관심이 많다. 성경책을 열심히 보고 때로 논쟁을 벌이기도 한다. 그들이 던지는 질문은 다양하지만, 대체로 본질적인 관심은 하나로 모아진다. '무엇이 진짜 기독교인가?'라는 물음이다. 나도 여기에 대해 답변을 하다 보니 나름대로 단순한 답을 정리하게 되었다. 진짜 신앙이란 첫째, 탐욕을 버리는 신앙이다. 무엇인가를 탐욕스럽게 소유하거나 남의 것을 빼앗으려고 하는 탐심은 결코 하나님으로부터 나오는 것이 아닐 테니까. 둘째, 거만하지 않은 신앙이다. 아무리 병을 고치거나 기적을 베푸는 신기한 능력을 갖고 있더라도 거만한 마음은 스스로 높아져 하나님의 영광을 가로채는 것이요 마귀로부터 나오는 악취이기 때문이다. 셋째, 자기를 과시하지 않는 마음이다. 자기를 드러내고 인기를 얻으려는 태도를 예수님은 늘 경계하셨다. 유명해지기 위해서 자기를 치장하고 광고하려는 마음은 위험한 유혹이다. 이런 것들을 생각해 보면 우리를 둘러싼 신앙과 종교의 대부분이 가짜라는 생각이 든다. 그렇다. 이것이 진실이다. 놀랍게도 대부분은 가짜요, 구원받지 못할 신앙이다. 천국에 가느냐 못 가느냐의 문제가 아니라 하나님과 단절된, 하나님이 알지 못하시는, 그분과 관계가 없는 신앙이라는 것이다.

7월 26일, "덤으로 얻은 인생처럼 산다."

오전에 윤상효 어르신과 조용훈 어르신, 송남이 선생님, 김성한 간사님, 조제호 간사님이 접견을 오셨다. 내 기억에 각인되어 계신 강정마을의 어르신들을 뵈며 마음이 아프면서도 반갑고 송구스러웠다. 어찌할 수 없는 내 현실이, 바쁘고 분주하신 어르신들을 감옥까지 찾아오실 수밖에 없도록 만들어 죄송할 따름이다. 송남이 선생님은 정영희 누님과 단짝이시다. 늘 명랑하고 가무를 좋아하는 상냥한 분인데 늦게 찾아와 미안하다고 머리를 조아리신다. 주민들의 표정이 어두워 보이지 않아서 기뻤다. 강정마을 주민들은 5년이 넘도록 지난한 싸움을 해 온 것에 대해 자부심을 가질 만하다. 우리나라 어느 마을 주민들이 이렇게 악착같이 자기 마을을 지키기 위해 사리사욕을 넘어서서 싸울 수 있을까? 그리 흔치 않을 것이다. 불리한 상황에서도 포기하지 않고 싸우는 주민들과 어르신들에게서 제주도민의 반골정신과 저항심을 경이로운 눈으로 바라보게 된다. 대단한 분들이고 자랑스럽다.

제일 먼저 문을 열고 들어오신 분은 내 얼굴이 그려진 티셔츠를 입은 김성한 간사님이었다. 몹시 반갑고 기뻤다. 잊지 않고 찾아와 주는 친구들이 고맙다. 가슴에는 해상시위를 하던 나의 초상이 그려져 있다. 재판 거부하지 말고 참여해서 투쟁해 달라고 신신당부를 했다. 조제호 간사님은 나의 투쟁에 대해 감사하다고, 존경스럽다고 했다. 하지만 난 존경받을 만한 위인이 못 된다. 질책과 비난의 대상이 될 수 있을지언정.

또한 권영국 변호사의 접견 신청이 있었다. 권 변호사는 늘 감옥에서 고생하는 사정을 살펴보기 위해서라도 자주 와 보려고 했지만 그러지 못해서 미안했노라고 말문을 여셨다. 키가 작고 진지한 분 같아 보였다. 자신이 노동운동을 위해서 위장 취업을 했다가 1년 6개월 동안 감옥살이를 했던 이야기들, 한 방위산업체에서 노조 결성을 했다가 겪은 이야기들을 하나씩 천천히 풀어나가며 법정 투쟁이 때로 얼마나 한계가 있는 것이며 억울한 것인지, 그럼에도 불구하고 본인은 왜 이런 법적 공방을 포기하지 않는지 차분하게 논거했다. 자신도 재판 거부를 했던 적이 있다고 했다. 13명으로 구성된 변호인단이 사건을 맡았던 용산사태 때 검사의 수사기록 3,000쪽을 공개해 달라고 요구하며 편파적인 재판부에 항의하여 피고와 합의해서 거부했는데, 결국 가족들과 대책위가 재판 속개를 원해서 새로운 변호인단이 구성되었던 적이 있었다고 한다. 권 변호사는 내게 현 재판부가 절차상 편파적인 모습을 보이지는 않으니, 비록 그들이 어떤 결론을 갖고 있더라도, 재판을 거부하지 말고 법정 투쟁을 하는 쪽으로 가자고 호소했다. 나는 다른 두 분의 변호사와 함께 의논해서 결정하자고 했고 일단은 이번 재판에 참여하기로 했다. 나는 재판 내용이 외부에 알려지도록 부탁했다. 증인이나 검찰의 공소가 얼마나 거짓되고 사악한 것인지를 폭로해야 법정 투쟁이 의미 있을 것이다. 그리고 재판 거부를 적극 검토해서 전략적으로 법정 투쟁을 할 필요가 있다고 제안했다. 그러나 이럴 경우 피의자는 반드시 일정 기간 구속될 수밖에 없기 때문에 부담스러울 것이라고 한다. 함께 의논해 보는 것이 시작이다.

    어느덧 구속 만기일이 다가오고 있다. 그렇지만 판사가 다시 영장을 발부해서 계속 구속시킬지도 모를 일이다. 나는 그저 내 힘으로 할 수 없는 모든 경우는 신의 손에 달린 운명이겠거니 하고 동요 없이 자유의 날을 기다릴 거다. 난 이미 죽었을 수도 있는 인생이라고 생각하며 살고 있다. 덤으로 얻은 인생처럼 산다.

8월 7일 흐림, "인생의 간이역"

어제 황대권 선생님이 아들 아람이와 면회를 오셨다. 나이 지긋한 어르신이 나를 찾아와 주셔서 송구했다. 선생님은 아람이와 늘 거리감이 느껴져 서운했는데 강정마을에 해군기지가 들어서는 것을 반대하는 행진에 아람이가 동참해 주어 처음으로 부자가 한 마음, 한 뜻으로 하나가 되는 감격을 느끼게 되었다고 한다. 강정 평화 대행진의 출발에 앞서 마을 주민들 앞에서 소감을 말씀하셨다는 이야기는 이미 전해 들었다. 그래서 두 부자의 접견이 내게 행복을 더해 주었다. 아람이는 키가 훤칠한 데다 이목구비가 뚜렷한 미남 청년이었다. 13년 동안이나 감옥 생활을 하느라 아들의 어린 시절을 곁에서 지켜 줄 수 없었던 아버지가 얼마나 원망스러웠을까? 자기 소신을 따라 훌쩍 떠났던 아버지의 빈 공간이 얼마나 외로웠을까? 강정은 슬픈 인생 이야기들의 얽히고설킨 타래를 풀어 주는 곳이기도 하다. 잊혀졌던 아버지를 다시 찾은 기쁨과 희열로 가득 찬 아들도 있고, 사랑하는 아버지를 감옥으로 떠나보내야 하는 아들과 딸도 있다. 이렇게 강정은 사랑하는 이들이 만나고 헤어지는 인생의 간이역이 되었다.

감옥에서는 누구나 자기의 신분도 과거도 다 숨기려 든다. 그러나 24시간 서로 1-2미터도 떨어져 있을 수 없는 좁은 공간 안에서 아무리 감추려 들어도 양파껍질 벗겨지듯, 살아온 생애와 인간성이 노출되지 않을 수 없다. 감방에는 기구한 삶의 이야기들이 퍼즐 조각처럼 흩어져 있다. 누구도 자서전 쓰듯, 구연동화 낭독하듯 자신의 인생을 이야기하는 사람은 없다. 단지 마지못해 한두 마디씩 던지는 삶의 단편들을 퍼즐 조각처럼 맞추어 가며 인생에 대한 소설을 쓰는 것이다. 그것은 대부분 어둡고, 암울하며, 좌절과 실망, 이별과 버려짐, 분노와 광기, 그리고 동경과 그리움들이 뒤섞인 채 나락으로 떨어진 가련한 인생에 관한 이야기들이다. 보통 사람들이 일상에서 만나는 사람들도 삶의 이야기들이 있을 법하지만 대부분 그리 인상적이고 재미있는 내용을 담고 있지는 않을 것 같다. 장례식에 가 보면 그런 느낌이 사실로 확인된다. 아무도 슬퍼하지 않는 죽음, 누구도 그 인생을 다시 거들떠보려 하지 않고 그의 삶의 이야기를 들어 볼 가치를 못 느끼는 죽음들이다. 그저 남들처럼 좀더 안정된 삶을 추구하려고 경쟁하다가 남들처럼 유별나지 않게 죽어가는 것이다. 어떤 이는 불가항력적인 환경에 의해 유별난 생애를 살아가는 사람도 있지만, 어떤 이는 스스로 자신의 운명을 개척해 나가며 파란만장한 인생을 만들기도 한다. 청소년 시절 그냥 스쳐 지나갔던 작은 꿈 하나가 있었다. 'Who!'라는 작은 도서관을 만들어 이 세상에 살았던 사람들의 이야기 도서관을 만드는 것이다. 자전적인 이야기들을 모아 놓고 도서 분류도 그냥 이름 순으로 하는 그런 도서관 말이다. 청소년 시절에는 이런저런 꿈도 많았다. 이것도 그중 하나다. 그러나 지금 이 나이에도 여전히 내 기억 상자 한구석에 고이 놓인, 가슴 두근거리는 작은 소망이다.

8월 7일, "끝없이 패배하는 삶"

아침마다 신약성경 원전을 조금씩 읽고 있다. 영어 번역이 대조되어 있어서 사전 없이도 이해가 된다. 오늘은 마태복음 26:26 이하에 나오는 예수님의 마지막 만찬 부분을 읽었다. 3년을 동고동락했던 제자들과 나누는 마지막 식탁이 왜 그렇게 슬픈지 눈물이 났다. 레오나르도 다빈치는 그 최후의 만찬을 15세기 이탈리아 귀족 가문의 품위 있는 홀을 배경으로 그려 놓았다. 하지만 마지막 만찬은, 작고 어두운 감옥 같은 곳에 모여 앉아 소박하기 그지없는 식탁 위에 누룩 없는 빵과 포도주밖에 없는, 이 세상에서 다시는 함께할 수 없는 슬픈 식사였을 것이다. 사랑하는 사람들과의 마지막 식사가 왜 이렇게 내 마음에 애절한 느낌으로 다가오는지 모르겠다.

본회퍼의 옥중서신에서도 특히, 사랑하는 사람들과의 즐거웠던 과거를 회상하며 쓴 글들이 마음을 아프게 했다. 부활절이나 친척들의 생일날 함께 모여 풍성한 식탁에 둘러앉아 즐거운 시간을 보냈던 기억을 떠올리며, 이런 즐거웠던 시간들이 다시 돌아올 것인지 아니면 그저 과거에 주어졌던 아름다운 추억으로 만족해야 하는 것인지, 알 수 없는 운명에 그저 끌려갈 수밖에 없는 무력한 자신의 심경을 고백한 글이 기억난다.

사랑하는 사람들을 다시 만나고 싶어했던 본회퍼의 간절한 소망은 결국 거절당했다. 그리고 그가 사랑하는 이들에게 돌아왔을 때 이미 그는 이 세상 사람이 아니었다. 정의가 불의에 의해 처형당하는 역사는 예수 그리스도 당시에도, 1940년대 독일에서도, 그리고 지금 새 천 년의 벽두에 있는 우리 대한민국에서도 끊임없이 반복된다. 우리는 예수 그리스도와 의를 위해서 핍박받았던 그리스도인들의 생애와 죽음을 통해,

감추어진 역사의 진실을 배워야 한다. 삶의 의미는 이기는 데 있는 것이 아니라 패배하는 데 있다. 한 번 혹은 몇 번의 패배로 물러나는 미완성의 패배가 아니라 어떤 시련도 절망도 좌절도 끝내 거부하고, 끝없이 패배하는 삶을 한없이 긍정하면서 끝까지 포기하지 않는 삶이 우리의 운명이 되어야 한다.

나는 믿는다. 우리는 패배하고 신은 승리하며, 우리는 죽지만 신은 우리를 다시 살려내신다는 진실을.

8월 12일 맑음, "수감 거부"

오늘은 내가 지금까지 130일 동안 지낸 현재의 감방에서 지내는 마지막 밤이 될 것이다. 내일은 내 수번을 떼어낼 것이고 나는 곧바로 조사 수용을 받기 위해 격리될 것이다. 그동안 함께 지내 왔던 수용자들에게 감사하다. 이들은 내가 봉사원으로 편히 지낼 수 있는데, 왜 그런 불편과 고통을 자초하려 드는지 이해할 수 없다고 한다. 내가 수감을 거부하는 이유는 수번을 달고 있는 내 모습이 불쌍하고 처량해서다. 나는 죄수가 아니다. 나는 무죄다. 나는 내가 무죄임을 인정해 주려 한다. 이 교도소 안에서 나만이라도 나를 변호하기로 결심했다. 이 일로 인해 모든 교도관들과 불편한 관계가 될 것이다. 나를 미친 사람처럼 취급하거나 거칠게 다룰 교도관들을 만나게 될 것이다. 그럼에도 불구하고 나는 나에게 최선을 다해 대접해 줄 것이다. 내가 나의 존엄성을 지켜 주지 않는다면 이 세상 어느 누가 나를 존중해 줄 것인가? 나는 내 수의에 붙여진 '611번'

이란 수번을 떼어낼 것이다. 그리고 점검을 받지 않고 집에서 지내는 것처럼 자유롭게 행동할 것이다. 만일 나에게 수갑을 채우거나 밧줄로 묶을 경우에는 단식할 것이다. 비참하게 연명하느니 존엄하게 죽는 길을 택할 것이다.

8월 12일, "저의 정신과 영혼이 자유로울 수 있다면"

정래 씨,

어쩌면 이 편지가 감옥에서 부칠 수 있는 마지막 편지가 될지도 모르겠습니다. 다행히 나의 결행을 교도소 측에서 어떤 방식으로든 수용해 줄 수 있다면 다시 접견과 서신 교환이 가능하겠지만 현재로선 난망합니다. 나는 내일부터 자유를 실천하려고 합니다. 문정현 신부님께서 우려의 말씀을 해주셨지만 난 이것을 통해 어떤 투쟁을 하겠다는 뜻이 아닙니다. 그리고 우리 동원이나 복철 씨에게 특별한 영향이 가는 것도 아닙니다. 이것은 오로지 내 자신과 관련된 결정입니다. 내가 나를 무죄라고 옹호하는 것이고 내가 내 몸을 둘러싼 죄수복을 벗기는 것입니다. 나는 내가 불쌍합니다. 그리고 이 비참한 나를 위해, 같은 편이 되려고 합니다. 내가 죄인이 아니라고, 내가 무죄라고 주장하는 것입니다.

어릴 적에 차에 치인 개를 본 적이 있어요. 그 개는 다리 하나를 잃어버렸습니다. 부러져 뼈가 나온 다리를 핥고 절뚝거리며 사라지는 그 개처럼, 나는 나의 존엄성에 상처를 입은 채 절뚝거리고 있습니다. 개 하나쯤 차에 치어 죽어도 상관하지 않을 것 같은 무심한 눈초리를 피해가며 자기의 아픈 상처를 핥는 개와 같은 심정입니다.

　고립되어 있다 보니 외곬으로 빠져 버린 것일까요? 방에서 같이 살던 수용자들은 제가 미친 짓을 하려고 한다고 안타까워합니다. 관구실장은 사정이 딱하기는 하지만 교도소 규칙을 따르지 않을 경우, 그에 상응하는 징벌을 할 것이라고 예고했습니다. 어떤 미궁으로 빠져드는 느낌입니다. 그러나 저는 양심의 소리를 따라갈 것입니다. 미안합니다. 샘이 생일에도, 당신 생일에도, 그리고 추석에도 저는 아무도 만날 수 없을 것입니다. 아버님께도 제가 수감되어 있음을 알려드리고 추석 때 뵐 수 없을 것임을 미리 전해 주세요. 정말 죄송하다고 전해 주세요. 부모님 생각이 자주 납니다.

　강요받는 것이 싫지만, 육체보다 저의 정신과 영혼이 자유로울 수 있다면 어떤 슬픔도 이겨낼 수 있을 겁니다. 잠시 잠깐 보지 못하고 연락이 안되더라도 너무 염려하지 마십시오, 하나님께서 저를 돌봐 주실 것입니다. 그게 단지 길지 않기만을 바랄 뿐입니다. 다시 만날 수 있을 때까지, 안녕히.

　　　　　　　　　　　　　　　　주일 밤, 남편 송강호 드림

　　　　　　　　　　8월 13일, "오직 타인(他人)을 위해"

정래 씨,

　오늘 주임 교도관과 관구계장님을 만나 제가 원하는 바를 이야기했습니다. 그들이 심사숙고하여 저를 많이 배려해 주는 쪽으로 결정해 주었고, 제가 징벌을 받거나 조사 수용되는 것은 면하게 되었습니다. 그래서 접견도, 서신 교환도 여전히 가능하게 되었습니다. 그리고 저도 교도관님들의 입장을 일정 부분 고려해 드리는 선에서 어떤 합의가 된 것 같습니다. 불확실한 부분들이나 앞으로 발생할 수 있는 예기치 못한 상황들에 대해서는 일단 접어놓고 하나씩 하나씩 풀어나가야 하지 않을까 생각합니다. 그냥 일반 잡범을 대하듯이 할 수도 있는데, 신중하게 또 사려 깊게 조치해 주는 것 같아 감사하고 있습니다.

나는 일단 독거실로 전방이 되었고 홀로 생활하게 되었습니다. 이전에도 편히 잘 지냈지만 크게 달라진 것은 텔레비전을 안 켜도 된다는 것입니다. 이 고요함이야말로 형용할 수 없는 큰 축복이요 황홀한 선물입니다. 방해받지 않으며 생각할 수 있고, 기도할 수 있고, 글을 쓸 수 있다는 것이 너무나도 큰 기쁨입니다. 이제 가끔은 낭독도 하고 조용히 노래도 부르렵니다. 방은 비좁고 덥고 물도 잘 안 나오지만 이 고요함이 주는 유익에 결코 비견되지 않습니다. 당신도, 샘도, 실버와 에밀리도, 그리고 SOS와 강정마을 주민들도 다시 만날 수 있습니다. 접견 때, 오로지 당신들을 위해서 명찰과 수번을 달고 나갈 겁니다. 오직 타인을 위해서.

남편 송강호 드림

8월 14일 비, "무죄한 희생의 피"

어제부터 독방으로 옮겼다. 나를 좀더 자유롭게 생활하도록 교도소에서 배려해 준 것이다. 화장실을 제외하면 채 한 평이 안 될 것 같은 좁은 공간이지만 텔레비전 소리도 조정할 수 있고, 시도 때도 없이 분노를 쏟아내는 수용자도 없으니 자유롭고 고요하다. 한편으로는 동원이나 복철 씨도 이런 공간에서 지낼 수 있으면 얼마나 좋을까 하는 생각이 든다.

  스크랩한 기사들을 들춰 보다가 지난해 예멘에서 미군의 무인 비행기 공격으로 숨진 안와르 알 올라키와 그의 아들 압둘라흐만, 사미르칸 유가족들이 지난 18일에 미국 정부를 상대로 소송을 제기했다는 기사를 읽었다. 갑자기 뇌리를 번개처럼 스치고 지나가는 생각이 있었다. 어쩌면 너무나 놀라운 발견이었다. 전쟁을 그칠 수 있는 획기적인 방법이 될지도 모른다. 전쟁이 일어나면 반드시 무고한 민간인 희생자들이 생기는 법이다. 우리는 이 무고한 피를 무시해 버린다. 어쩔 수 없는, 누구에게도 항변할 수 없는 억울한 희생으로 여기고 포기해 버린다. 그러나 절대로 그리해서는 안 된다. 무장한 군인들, 적들에 대한 공격과 살상은 정당하다 치자. 그러나 무고한 시민들, 어린이들과 여인들과 노약자들처럼 명백한 전쟁 피해자들을 조사해서 이들의 죽음과 부상을 확인하여 국제사법재판소에 전범 국가를 상대로 배상 청구를 해야 한다. 유족들을 고소인으로 세워 전범 국가의 국방부 장관과 대통령을 대상으로 또 구체적인 군인들의 신원이 파악되면 그들까지 모두 고발하고 배상 청구를 하되 그 규모를 무제한으로 확대하여 경제적인 부담과 더불어 사회적 정당성까지 문제삼아야 한다. 이 일은 그리 힘들지도 않고 동력을 얻을 수 있는 요소들이 밑바탕에 깔려 있다. 반드시 해야 한다. 이 활동은 반드시 대량 살상 무기의 금지 협정으로 진행될 것이다. 집속탄이나 핵폭탄처럼 광범위한 살상 범위를 가진 폭탄은 반드시 무고한 시민들에 대한 불가피한 희생을 가져오기 때문에 반드시 비인도적인 무기들로 규탄되어야 하고 이를 국제사법재판소에 제소해야만 한다. 물론 이것만으로 모든 것이 해결되지는 않겠지만 분명히 '무죄한 희생의 피'(innocent blood)에 대한 응분의 보상을 요구하는 국제적인 압력은 전쟁의 광기를 조금이라도 통제하는 데 기여할 것이다. 반드시 해야 한다. 하고야 말 것이다.

8월 20일 맑음, "우리가 이미 알고 있는 진실"

월요일에는 여러 편의 다큐멘터리를 보여 준다. 오전에는 지구 온난화와 재생 에너지 특집이었고, 오후에는 보르네오 동북부의 마블섬에 살고 있는 바자우라는 해양 부족에 관한 르포르타주였다. 저녁 뉴스에 보도된 남해안 바다 양식장의 물고기들이 수온 상승으로 떼죽음을 당한 모습이, 오늘 본 다큐멘터리 영상들과 교차되었다. 인간들의 끝없는 욕심 때문에 자연은 파괴되고 온난화가 진행되면서 다시 자연이 인간의 세계에 복수를 하는 것 같아 보였다. 재생 에너지의 생산도 중요하지만 미군들이 전쟁을 수행하기 위해, 그리고 군 전술을 위해 재생 에너지를 개발하는 모습을 보면서 더 중요한 것은 바자우 족처럼 에너지 자체를 거의 사용하지 않는 삶을 살아내는 것이라는 생각을 했다.

우리는 이미 알고 있는 진실이 있다. 자족과 자제다. 현대 과학 기술을 총동원한 포경선으로는 더 많은 고래를 잡을 수 있고 더 많은 소득을 얻을 수 있다. 그러나 인도네시아 플로레스 섬의 라말레라 족처럼 맨손으로 포경을 하는 전통적인 방식으로 포경을 제한한다면 인간은 고래와 공존할 수 있다. 거대한 냉동실을 갖춘 원양선단에 의한 참치 잡이를 금하고 바자우 족들처럼 낚시로 참치를 잡은 것까지만을 허용한다면 세계의 바다는 참치나 다랑어 같은 큰 물고기들로 넘쳐날 거다. 우리나라에도 이미 이런 자제와 자족의 해양 문화가 존재하지 않는가? 바로 해녀들이 대표적인 경우다. 잠수 장비를 제대로 갖춘 머구리나 잠수부를 동원한다면 짧은 시간에 더 많은 채집을 할 수 있고 돈도 더 많이 벌 수 있지만 그것은 지속 가능한 방식이 아니다. 대체 에너지의 생산보다 무한한 인간의 탐욕을 자제해야만 한다. 그것이 우선이다. 평화 활동가였던 간디가 물레를 돌렸던 이유를 알아야 한다. 그가 세상을 떠날 때 남긴 것이 동그란 안경과 고무신 두 쪽뿐이었던 이유를 알아야 한다.

한 평도 안 되는 작은 방에서 인간이 더 적게 차지하며 살아가는 방식을 궁리하게 된다. 세상에 인간처럼 자기 집과 방을 크게 만들고 사는 동물이 하나라도 있는가? 전쟁도 서로 더 갖겠다고 다투는 것이니 그런 욕심을 내려놓는다면 싸울 일도 없지 않은가? 센가쿠 열도를 놓고 일본과 중국이 으르렁거리기 시작한 것도, 남사군도를 놓고 주변의 예닐곱 나라가 쟁론을 벌이기 시작한 것도 모두 그 지역에서 석유와 가스가 발견되면서부터다. 에너지를 얻기 위한 전쟁은 이라크와 아프가니스탄에서도 계속되고 있다. 인류가 아미쉬처럼 전기 없이 살기로 작정한다면 세상에서 최소한 에너지를 빼앗기 위한 전쟁은 사라질 것이다. 평화운동은 어쩌면 오래된 자족 자제의 전통을 새롭게 살아내는 삶을 통해서만 구체화될 수 있을 것이다.

8월 31일 맑고 푸른 하늘, "전쟁 없는 세상"

늦여름 빛이 돈다. 태풍이 두 차례 휩쓸고 간 제주도의 하늘은 깊고 푸르다. 햇살이 진하고 실한 것이 서늘한 느낌을 주는 마른 더위를 선사한다. 오후에 안양교도소에서 화상 접견을 신청한 정애와 영상으로 대화를 나누었다. 평화 복무에 청년들을 부르기 위한 준비를 하고 싶다고 한다. 곧이어 백신옥 변호사와 접견이 있었다. 직권 보석 신청을 했으나 응답이 없다고 한다. 난 석방을 구걸하고 싶지 않다고 했다. 보증인이나 보증금을 공탁한 석방은 내가 원하는 바가 아니라고 했다.

요즘은 점심 식사를 하지 않는다. 때로 두유 한 팩을 마시거나 사과 한 개를 먹기도 하고 그냥 넘어가기도 한다. 하루 중 한 번은 배고픔을 느끼고 싶어서다. 나의 엉터리 음양 이론이다. 빛과 어둠의 조화가 눈을 평안하게 하듯이 배부름과 배고픔이 조화가 이뤄져야 내 배가 평화롭다. 온몸이 힘들게 운동을 하고 난 이후 휴식을 취하는 것이 내 몸을 즐겁게 한다. 그래서 오후에는 힘이 없다. 오늘은 8월의 마지막 날이다. 5개월을 꼬박 감옥살이를 했다. 앞으로도 한 달 이상 이 독방을 지켜야만 할 거다. 가끔은 이 독방이 동굴같이 느껴지기도 하고 요나가 들어갔다고 하는 큰 물고기의 뱃속 같다는 생각이 들기도 한다. 이 작은 공간 안에서 한 달 하고도 근 보름을 더 지내야 한다. 물론 그다음에도 석방된다는 보장은 없지만 그래도 석방될 가능성은 더 높아지리라 믿고 있다. 수련 기간이라고 여기며 몸도 마음도 더 단련하려고 한다. 이 강요된 단조로운 삶 속에서 잃어버리는 것만큼이나 얻을 수 있는 것도 많다. 무엇보다 시간이다. 잡다한 사소함으로 찢기고 잘려나가는 허튼 시간들이 이 안에는 거의 없다. 단조롭지만 규칙에 정한 대로 살아갈 수 있고 그 틀 안에서 책도 읽고 글도 쓰고 기도도 하고 묵상도 한다. 텔레비전도 선택해서 보고 주말에는 혼자 앉아 장기도 둔다. 아마도 유일한 오락일 게다. 낮에는 한 시간 내내 운동도 한다. 이 좁은 감방에서 벗어날 수 있는 유일한 시간이기 때문에 아무런 생각도 없이 무조건 지붕 없는 교도소의 작은 마당을 달린다. 비가 와도 평일처럼 뛴다. 그래서 어떤 수용자는 내가 미친 사람이라고 생각한다.

    김연수의 「밤은 노래한다」(문학과지성사)라는 소설을 읽었다. 간도에서 일제시대를 살아가며 독립과 해방을 위해 젊음을 불살랐던 이들이 동지들에 의해 배신당하고 처형당할 수밖에 없었던 슬픈 역사야말로 영영 해가 뜨지 않는 민족사의 밤이었을 거다. 그 긴긴 밤의 슬픈 노래들 대부분이 잊혀지고 감추어진 채 역사는 속절없이 흘러온 거다. 참 많은 사람들이 희망을 버리지 못한 채 정열을 품었지만, 결국 고통스럽게 살다가 비참하게 죽어갔다. 차라리 그 알량한 희망을 버리고 그저 남들처럼 제 앞가름이나 하며 소시민이 되어 살아갈 수도 있었을 텐데 차마 그러지 못한 거다. 강고한 일본제국에 맞서 찬 이슬과 눈보라를 맞아가며 젊음이 다 쇠해 흰머리가 나고 주름살이 얼굴에 가득 찰 때까지 인생을 허비한 것이다. 무언가에 홀린 것이지.

　나도 무언가에 홀려 젊음을 다 바친 오십 중반이 되어서도 이 어두운 독방에 갇혀 있는 게다. 평화에 대한 희망을 알지 못했다면 그저 편하게 살았을 텐데, 평화가 재앙인 것이다. 그저 남들처럼 전쟁이 나면 도망가든지 전쟁터에 달려가든지, 아무런 생각도 신념도 없이 그저 반사적으로 반응하는 사람이었다면 이렇게 감옥에 앉아 있지는 않았을 텐데, 내게는 전쟁 없는 세상을 꿈꾸게 된 것이 저주다. 재앙과 저주가 내게 씌워진 것이 고통스럽지만 행복하다. 눈물이 흐르는 희열을 느껴 보았는가? 평화에 대한 희망은 내게 저주이자 구원의 기쁨이다. 한 평도 안 되는 독방 안에서 나는 전쟁 없는 세상을 꿈꾸고 있다. 수십 조의 국방비와 무기 구입 비용을 남김없이 깨뜨려 의료비와 교육비로 쓰리라. 더 이상 지뢰로 다리를 잃어버리는 야만이 용납되지 않는 세상을 만들리라. 군인 전사자 10만에 민간인 희생자 200만이라는 보도에도 무감각해진 세상이 미래에는 더 이상 존재하지 않기를 꿈꾼다. 무기들과 국방색 군복은 박물관에서나 찾아볼 수 있는 미래가 올 것이라는 '저주스런 믿음'이 내 머리에 박혀 절대로 지워지지 않기를 바란다.

　나에게 이런 믿음과 희망을 선사한 예수 그리스도와 수다한 예언자들에게 머리 숙여 감사드린다. 그들이 지켜 온 역사의 맥을 이어가리라. 세상이 변하느냐 변하지 않느냐는 나의 소관이 아니다. 나의 역할과 임무는 이 꿈을 더 깊이 뿌리내리고 더 넓게 전파하는 것이다. 전쟁과 군대와 군사기지가 없어지는 때와 기한은 신의 손에 달려 있을 뿐, 내가 알

바 아니다. 나의 임무는 폭력의 시대 속에 출루하는 것이다. 모든 노력을 기울여 그 누군가는 홈으로 들어올 수 있도록.

9월 7일, "강정마을에 생긴 무형의 공동체"

히로시마 평화 행진 관련 기사를 다시 읽었다. 사진에 실린 노란 티셔츠를 입은 정영희 선생님의 미소 띤 얼굴 모습이 눈에 들어왔다. 강정마을에서 삭발하여 곱상한 중년 남자 같은 모습이셨다. 여러 나라에서 온 천여 명의 여성들 앞에서 도와 달라고 얼마나 간절히 호소하셨으면, 그 많은 사람들이 기립 박수를 보냈을까? 눈물이 핑 돌았다.

좁은 감방에 멍하니 앉아서 강정마을과 구럼비를 지키기 위해서 동분서주하는 여러 얼굴들을 떠올렸다. 방파제 삼발이 사이의 깊은 틈새로 떨어지셨던 문정현 신부님. 아직 뼈도 성치 않으실 텐데 미사를 드리다가 이를 저지하던 경찰의 강포한 폭력으로 인해 땅바닥에 떨어진 성체를 줍기 위해 엎드리신 노 신부님의 모습이 떠오른다. 바지선 크레인 위로 올라간 동원이, 외롭게 망루에 올라앉아 있던 고권일 위원장, 공사장 정문 앞을 가로막고 앉아 있다가 질질 끌려가야 했던 여인들, 거대한 바지선 꼭대기에 올라가 대형 현수막을 걸어놓고 시위하다 끌려 내려온 김성한 신부님과 정연길 목사님, 석진 씨, 영재 씨와 용 씨, 해군기지 문제를 세계 평화운동가들에게 알리기 위해 애쓰는 성희, 몸도 성치 않을 텐데 정문 앞에 앉아 자리를 지키는 윤모 형, 아직도 숱한 운동가들을 위해 밥상을 차리실 종환이 형, 정부의 박대 속에서도 세계 환경총회 앞에서 꿋꿋하게 항의 시위를 하고 있는 낯익은 얼굴들, 발이 부르트도록 제주도를 돌고 또 돌며 '살려 달라'고 애원하시는 강정마을 어르신들, 그 모습들이 하나씩 하나씩 주마등처럼 지나간다.

누가 총괄 지휘를 하는 것도 아닌데 마치 기러기 떼가 대형을 이루어 어디론가 날아가듯 우리 강정의 주민들과 평화지킴이들은 함께 어우러져 아득히 멀리 있는 평화의 땅을 찾아 날아가고 있는 것 같다. 배고프면 찾아가 밥도 얻어먹고 마음이 아프면 누군가를 찾아가 얼굴을 파묻고 울기도 하며 힘들고 지칠 땐 누군가를 찾아가 드러누워 곤히 잠들 수 있는 사이가 되었다. 강정마을에서 해군기지 건설을 막고 평화를 만들기 위해 이 마을에 들어와 옹기종기 흩어져 지내는 평화의 사람들이 테두리도 없고 규칙도 없는 생동감이 넘치는 공동체를 이루어 살아가고 있다. 이 자유롭고 생명력이 넘치는 새로운 공동체를 경험하면서 공동체를 만드는 것은 어떤 규칙이나 신조가 아니라 정의나 평화와 같은 가치일 수도 있다는 생각이 들었다. 나는 늘 후배들에게 공동체는 어떤 사람에 의해서 존재하는 것이 아니라, 비전에 의해 이끌려야 한다고 말했다. 내 자신이 주장했던 것의 참된 의미가 무엇인지를 비로소 깨닫고 있는 것 같다.

'개척자들'을 이끌어 가야 할 비전은 평화다. 옛 예언자들로부터 초대 교회 성도들과 종교개혁자들에 이어 지금의 우리까지, 삼천 년 동안 꿈꿔 왔던, 전쟁도 기지도 군대도 군인도 없는 평화로운 세상이 우리의 비전이다. '개척자들'이 갖고 있는 공동체 형식은, 이 비전을 실현하기 위한 잠정적인 도구일 뿐이다. 그렇기 때문에 이 형식과 틀은 언제나 유연해야 하고 변화될 수 있어야 한다. 공동체의 생존, 그 자체가 목적이 되어서는 결코 안 된다. 우리 방식으로 평화를 만들려고 고집하지 말고, 평화가 우리를 이끌어 가도록 끌려갈 준비를 하자. '개척자들'이 평화를 위해 존재하는 것이지, '개척자들'의 생존을 위해서 평화가 존재하는 것은 결코 아니다. 이 순서를 망각할 때 공동체는 고립되고 화석화되어 자멸의 길로 들어서게 될 것이다.

13. 송강호란 사람
_송한별

아버지에게,

　법의 이름으로 다시 자유를 빼앗기신 지도 벌써 한 달 하고도 보름이 지났습니다. 믿기지 않으실지도 모르겠지만, 매일매일 아버지 생각을 하면서 살고 있습니다. 아버지가 갇힌 이유에 대해서, 그리고 왜 그곳에 계실 수밖에 없는지에 대해서 끊임없이 고민하고 분노하는 것은 남아 있는 사람들에게 주어진 숙제입니다. 아버지의 아들로서가 아니라 타자로서, 남아 있는 사람들 중 한 사람으로서 그저 제 자신의 모습에 한탄하며 아파하고 있습니다.

　공부하기 전에 장기려 박사님의 글을 한 편씩 읽으면서 시작합니다. 장기려 박사님은 제 삶의 이정표 같은 분입니다. 시대를 앞서 가신 그분의 감동적인 삶은, 그분을 따르는 저에게 뭔지 모를 자랑스러움과 마음 깊은 곳에서 솟아오르는 용기를 줍니다. 장기려 박사님은 진실로 화평케 하는 삶을 살았던 분이었습니다. 그분의 글 중 아버지를 떠올리게 했던 글귀들이 있습니다.

"나는 73년 4월 17일 모든 것을 그만두고 서울에서 부산으로 돌아왔다. 그것은 부산 복음병원 내에서 일어난 불화의 행위 때문이다. 나는 서울에서 17일 외과 의국에서의 강의, 18일 친구들과의 야유회, 19일 외과 시험문제 작성, 20일 외과학 강의, 21일 교회에서의 세례문답, 22일 성찬식과 순교 기념 전도회, 23일 친구 심방, 24일 오전 장영자 님과 테니스, 오후 수도노회 참석, 25일 부산으로 돌아올 예정으로 약속되어 있었다. 그러나 17일 부산 복음병원에서 직원간의 불화로 다툼이 일어났다는 보고를 듣고 곧 책임감 때문에 모든 일을 제쳐놓고 부산으로 돌아왔다.

강의도 그만두고 여러분들과의 약속도 이행 못하고 또 교회의 일까지도 포기하고 그야말로 만사를 제쳐두고 행동하기는, 나의 기억으로는 이번이 처음이다. 그것은 나의 책임감에서 비롯된 것이다. '복음병원 원장으로서의 책임이 그렇게 중하더냐?' 하고 물을 분이 있을지 모르겠다. 물론 하나님의 사명으로 믿고 일하는 나는 절대적인 책임감을 느끼며 일하고 있다. 그러나 그것보다 병원 내의 평화를 위하여 일하겠다는 사명을 가진 나는, 이번 일에 대해 가장 중대한 책임을 느꼈고 모든 일을 제쳐놓고 내려올 수밖에 없었다.

평화를 위한 운동은 그와 같이 중대하다. 만사를 제쳐놓고 해야 할 일이다. 나는 우리 주님이 이 세상에 오신 것과 또 장차 다시 오시게 될 것은 그 일이 그렇게도 중대하기 때문이라고 믿는다. 인류를 구원하시는 일의 책임이 그와 같이 중대한 것을 우리 주님은 느끼시며 오셨고, 그것을 전적으로 자기 책임으로 느끼셨다고 나는 믿는다. 이제 세계 평화를 위하여 다시 오실 것이다. 그것은 세계 평화가 가장 중대하고 그 책임을 가장 중하게 느끼시는 이가 우리 주님이시며 또 능히 해결해 주실 분이시기 때문이다."

"예로부터 시국의 조류에 휩쓸리는 많은 통속적 인간들 중에서, 이상에서 현실을 내려다보고 또한 시국이 어떻게 변천될 것인지를 예견하며 경세의 종을 울린 소수자들이 있다. 그들은 시국 중에 있으면서도 눈앞의 시국보다도 멀리 역사의 법칙을 파악하여 옳은 것은 옳다, 아닌 것은 아니라고 언명하는 신앙가들이다. 세상은 그들을 버리고 죽인다. 그러나 그 시국이 지나가고 잘못된 것들이 드러나고 올바른 것이 인정될 때에는 그 신앙가들이 높임을 받게 되는 것이다."*

아버지, 언젠가 말씀 드렸듯이, 제가 지금까지 그렇게 길지 않은 인생을 살았지만 제 나름의 삶을 살아오면서 어떤 사람보다 주의 깊게 관찰해온 사람은 바로 당신입니다. 사람에 대한 제 신뢰의 뿌리가 아버지의 모습에 기초했기 때문입니다. 그래서 어렸을 때는 막연한 두려움을 갖고

---

* 여운학, 「생명과 사랑」(규장문화사)

있었습니다. 혹시라도 아버지가 평화에 대한 신념을 버리거나 당신의 삶을 변절하면, 인간이란 존재에 대한 긍정적 믿음을 지속할 수 있을지를 걱정했던 까닭입니다. 하지만 이제 더 이상, 그런 의심은 하지 않습니다.

잘난 척, 있어 보이는 척하는 마음이 온몸과 정신에 녹아 있는 저조차, 저절로 고개가 숙여지는 경외심을 갖게 만드는 사람들을 접할 때가 있습니다. 그럴 때면 '어떻게 이런 삶이 가능했을까?' 하고 생각했습니다. 땅콩박사로 잘 알려진 조지 워싱턴 카버가 그랬습니다. 흑인 노예로 태어나 자라면서 학대와 차별을 받았지만, 그는 자신을 미워했던 사람들에게도 사랑하는 마음을 잃지 않았습니다. 또한 우리 민족을 뜨겁게 사랑했던 김구 선생님, 평화주의자 간디, 생명에 대한 소중함을 알게 했던 슈바이처, 노동자들을 위해 결연히 죽음을 선택했던 전태일 열사 등을 대하면서 제 의문은 답을 찾기 시작했습니다. 그것은 세상이 아무리 악하고 사람이 사람을 짓누르고 정의와 평화가 순진무구한 환상으로 치부될지라도, 저를 감동시켰던 저들 같은 사람들이 계속 나타나서 인류 역사의 등불이 될 것이란 믿음이었습니다. 그들은 인간을 속박하고 재갈 물리는 불의와 악의 권세 잡은 땅으로부터 솟아올라 '인자의 삶'이 무엇인지를 명명백백히 보여 주었습니다. 그들을 보고 평범한 사람들은 희망을 배웁니다. 한낮 길바닥에 던져 조롱당하던 정의와 평화가 무엇인지, 그것이 결국 우리의 역사에 어떤 가치를 갖게 되는지 알게 될 것입니다.

정의에 목마른 사람들은 삶의 목적을 바로 세우고 그것을 위해 싸우다 결국 자신의 생명까지도 내놓습니다. 그것은 인류 속에서 끊임없이 존재했던 '스승들' 때문입니다. 송강호란 사람도 그러합니다. 그들의 공통점은, 내면 깊은 곳에서부터 파장하는 자기 생의 소중한 가치들을 진실한 태도로 거침없이 살아낸다는 점입니다. 그것은 현실의 벽에 부딪쳐 피투성이가 되는 일임에도 불구하고, 의연하게 모든 것을 견디는 모습은 때로 그들을 미워하는 이들조차도 감복하게 합니다. 아버지가 정녕 그렇습니다.

아버지가 무참한 폭행을 당하시며 잡혀가시던 날은 아버지 생신이었습니다. 그날, 드리고 싶은 말씀이 있었습니다. 아버지가 잡히시는 바람에 직접 전해 드리지 못했던 말, 오늘이 없었다면 이 세상은 아버지의 부재만큼 가난했을 것이라고. 한 사람의 가치는 그 삶이 써 내려간 모습 자체에도 있지만, 무엇보다 그 삶의 곁에 모여든 다른 사람들로 인해 결정되기도 합니다. 사람들의 이정표가 되어 주는 삶, 그런 사람이 있습니다. 아버지 곁에 모인 사람들이, 비록 소수이지만 보석 같은 하나님의 사람들이, 아버지의 존재 가치를 입증하고 있습니다. 그 사람들 속에 제가 있습니다.

아버지가 계시지 않았다면 우리는 지금쯤 어떤 모습일까요? 샘은 평범한 가정에서 태어났으면 자기 좋아하는 것에 열중하는 예쁜 여자아이였을 것 같아요. 저는 이지적이고 조금은 차가운 성격의 과학자가 되지 않았을까요? 엄마는 온화한 성품에 아름다운 가정을 꾸려 가시는 현숙

한 여인의 삶을 사셨을 것 같습니다. 형우 삼촌, 광일 삼촌은 성실한 직장 생활을 하면서 평범한 가정의 믿음직한 가장으로 살 것 같습니다. 철이 삼촌은 농사를 짓거나 목수가 되었을 것 같아요. '개척자들', 그리고 강정마을 사람들은 지금 어떤 시간을 보내고 있을까요? 한가지 확실한 것은 아버지가 아니었으면, 저는 지금과 같은 꿈을 가지지 못했을 것입니다.

때로 제가 가는 길이 힘들고 벅찰 때가 있습니다. 의학 공부가 어렵기 때문이기도 하지만, 저와 비슷한 마음을 가진, 서로 다독이며 함께 갈 사람이 없는 것이 무엇보다 힘듭니다. 제 주변에는 장기려 박사님 같은 의사를 존경하고 따르려고 하기보다는, 그런 의사의 삶이 현실과 맞지 않다고 생각하는 이들이 훨씬 많습니다. 간혹 나약한 제 모습을 보며, 장기려 박사님처럼 되겠다는 저의 꿈이 너무 과분한 것은 아닌지 생각합니다. 그래서 가끔 고독하고 공허합니다. 언젠가 "하얀 거탑"이라는 드라마에서 어떤 의사가 제자에게 했던 이야기가 가슴에 남았습니다.

"이 일이 왜 어려운지 아나? 옳은 길을 가고 있기 때문이야. 나는 그 길이 아름다운 길이라고 믿어. 세상에는 말이야, 힘들지만 이겨내고 가는 사람도 있어야 하지 않겠어?"

이 길이 때로 벅차고 고통스러운 것은 사실입니다. 하지만 의학을 배우고 경험하는 하루하루가 때로 고될지라도, 이 시간을 견디게 하는 것은 앞으로 저의 삶이 누군가에게 희망이 될 것이기 때문입니다. 아버지처럼 말입니다. 아버지는 감당하기 벅찬 과분한 삶으로 저를 초대하셨습니다. 부족한 아들을 위해 끊임없는 기도를 부탁드립니다.

아버지에게 편지를 쓰는 일은 상당한 고뇌와 숱한 부끄러움을 이겨내야 하기에, 늘 평계를 만들며 미뤘던 것을 후회하며 자책합니다. 아버지, 앞서 가시는 그 길이 고독할지라도 항상 기억하세요. 아버지를 이정표 삼아, 아버지의 삶을 희망으로 품는 사람들이 있다는 것. 그 안에 저, 한별이도 있다는 것을. 제 마음에는 오라2동 제주교도소 하늘로 뻗은 자유의 날개가 어느 때보다도 선명하게 보입니다.

2012년 5월 중순, 아들 한별 올림

에필로그

평화를 향한 항해

"강정아, 너는 이 땅에서 가장 작은 고을이지만 너에게서 온 나라의 평화가 시작되리라."

평화를 향한 항해

삼천 년의 꿈

사람들은 누구나 자신만의 '섬' 속에서 산다. 자기가 사랑하는 사람들에 대한 기억, 그 기억의 섬 속에서 살고 있다. 때로 원치 않는 갈등과 불화가 생기기도 하지만, 적어도 그 안에서만은 평화롭게 살기 위해 노력한다. 그것은 자기 가족이라는 아주 작은 섬일 수도 있고 더 나아가 국가와 민족이라는 비교적 큰 섬일 수도 있다. 그러나 그 섬을 벗어나면 차가운 파도가 일렁이는 무관심의 바다가 끝없이 펼쳐진다. 평화를 향한 여정은 그 거친 바다 위에 배를 띄워 놓으면서 시작된다. 폭풍우가 몰아치기도 하고 거친 파도와 싸우기도 해야 한다. 배는 언제나 뒤집힐 수도 있고 망망대해 한복판에서 부서질 수도 있다. 평화의 길은 결코 안전하지 않다. 더 위험한 것은 아무런 바람도 불지 않을 때다. 조그마한 돛배를 타고 무풍지대에서 고립된 채 움직이지 못하는 것처럼 위험한 일은 없다.

역풍 속에서도 배는 달릴 수 있다. 그러나 무풍은 결국 '안락사'를 의미한다. 사람들은 그런 '무풍지대'를 안전하다고 착각한다. 그러나 그곳에는 죽은 물고기들과 쓰레기 더미만이 해류에 떠밀려 다닐 뿐이다.

하나님은 흙을 빚으신 후 숨을 불어넣어 인간을 만드셨다. 그분은 바다 위에서도 그 생명의 바람을 불게 하셔서 평화를 향한 항해를 하게 하신다. 핏줄로 맺어진 가족이나 민족의 경계를 넘어서는 평화에 대한 희망과 열정은 하나님 나라에서 불어오는 신령한 바람이다. 나는 다행히 로마 시대나 조선 시대에 태어나지 않은 까닭에, 예수를 믿는다고 박해를 받지는 않았다. 그러나 내가 성경에 기록된 예언자들의 평화의 묵시와 예수 그리스도가 가르친 평화를 실천하려고 하면, 교회는 나를 배척했고 국가는 나를 감옥에 가두었다. 그것은 이사야나 미가 예언자가 예언한 "칼을 쳐서 보습을 만들고 창을 쳐서 낫을 만들 것이며, 나라와 나라가 칼을 들고 서로를 치지 않을 것이며, 다시는 군사 훈련도 하지 않을 것이다"(사 2:4; 미 4:3, 새번역)는 말씀을 현재적으로 살아가는 것 때문에 받는 처벌이다. 무엇보다도 "네 이웃을 네 몸과 같이 사랑하여라"(마 19:19, 새번역)고 가르치셨고 "네 칼을 칼집에 도로 꽂아라. 칼을 쓰는 사람은 모두 칼로 망한다"(마 26:52, 새번역)고 경고하신 예수 그리스도의 말씀을 순종하는 것에 대한 대가다.

우리 시대의 교회와 국가는, 예수는 믿되 그의 가르침은 실천하지 말라는 모순을 강요하고 있다. 나는 이 현실을 거부한다. 교회는 구약의 예언자들과 예수 그리스도의 가르침을 관통하는 평화의 전통을 거부한다.

또 초대교회가 목숨 바쳐 지켜 왔던 반전 평화의 역사를 감추고 있다. 국가는 집단 이기주의에 빠진 국민의 탐욕스런 국익 우선주의를 실현하기 위해 전쟁도 불사하고 있다. 대량 살상 무기들까지 외국에 수출하여 무고한 민간인들이 흘리는 피값으로 우리 국민의 배를 채우고 있다.

나는 하나님의 은혜로, 나를 둘러 싼 거짓과 협박의 시대 속에서 내가 평생 해야 할 인생의 과제를 발견했다. 지난 삼천 년 동안 옛 예언자들과 예수 그리스도와 우리 믿음의 선조들이 꿈꿔 왔던 그 장엄한 평화의 꿈을 나도 함께 품게 되었다. 그리고 그들이 겪었던 그 고난에 나도 동참하게 된 것이다. 이 꿈은 봄에 심어 가을에 거둘 수 있는 한 해 농사가 아니다. 젊을 때 심어 노후에라도 거둘 수 있는 출세를 위한 인생 투자도 아니다. 나는 지금까지 수많은 사람들이 수천 년 동안 전쟁의 고통과 슬픔 속에서 처절하게 꿈꿔 왔던 그 역사적인 꿈에 동참한다. 그 꿈의 실현은 아득히 먼 미래일지도 모른다. 전쟁 없는 세상, 군대도 기지도 군인도 무기도 없는 세상을 꿈꾸는 사람은 필경 미친 사람이거나 공상가처럼 보일 것이다. 분명 이 꿈에 중독이 된 사람은 행복한 환각 상태에 빠진다. 미래를 선취한 자만이 느끼는 초현실적인 경험이다. 이것은 비현실을 현실처럼 경험한다는 점에서 마약 중독과 비견될 수 있다. 그러나 술 취함과 성령 충만이 다르듯이 약물 중독과 평화 중독은 다르다. 마약은 사고를 마비시키고 신체를 파괴시키며 타인들을 의심에 빠뜨려 관계를 단절시킨다. 평화는 우리에게 예언자적 상상력을 불어넣어 주고 예술적 감성을 계발시키며, 고난 속에서 강인해지고 정의와 평화에 목마른 숱한 진실한 친구들을 만나게 해준다. 성경은 "평화를 이루는 사람은 복이 있다. 하나님이 그들을 자기의 자녀라고 부르실 것이다"(마 5:9, 새번역)라고 했다. 이 말씀의 의미는 평화를 위해 자신의 삶을 헌신하고 나면 스스로 깨닫게 된다. 진정으로 평화는 우리를 행복하게 만든다.

나는 모든 사람들이 평화를 위해 헌신하는 사람들이 되기를 바란다. 그리고 불경기에 굳게 닫힌 취업의 문 앞에 초조하고 초라하게 줄지어 기다리고 있는 많은 젊은이들이 손에 든 입사원서를 과감히 찢어 버리고 전업 평화 활동가들이 되기를 희망한다. 취업과 구직의 길은 피나는 경쟁의 붉은 바다(Red Ocean)이지만, 평화의 일은 그 길을 찾는 이가 적은 푸른 바다(Blue Ocean)다. 나도 처음 이 길에 발을 들여놓을 때는 구걸할 마음의 준비를 했다. 먹고 살 길이 막막할 거라고 짐작했던 까닭이다. 그러나 정의와 평화를 위해서 살아가는 사람은 절대 굶지 않는다. 평화는 하나님 나라의 대사(大事)이고, 하나님께서는 오늘날에도 그의 종들에게 만나와 메추라기를 내려주시기 때문이다.

초대장

나는 여러분을 강정으로 초대한다. 강정은 외롭다. 한때 해군기지 건설에 세차게 저항했던 화순과 위미의 주민들조차도 강정마을 주민들을 외면하고 있다. 심지어 화순 주민들은 야속하게도 강정 해군기지 건설에 쓰일 케이슨을 제작하는 작업장 건설을 화순항에 허가해 주었다. 돈을 벌기 위해서. 강정 주민들도 할 말은 없다. 과거 화순과 위미에서 해군기지 반대를 위해 죽창까지 들고 죽기 살기로 싸울 때 남의 마을 일이라고 강 건너 불구경만 했기 때문이다. 그러나 강 건너에서 타던 불길이 이제 자기 마을 한복판까지 옮겨붙은 셈이다. 강정 주민들은 후회와 자책을 삼키며 제주도를 발바닥이 부르틀 정도로 돌고 또 돌며 '우리를 살려 줍서' 도움을 호소하고 있다. 강정마을 주민들이 국민들에게 도움을 요구할 권리는 없다. 그러나 값없는 은혜로 도움을 받은 적이 있었던 사람이라면 이 외로운 마을 주민들을 도울 수도 있지 않을까?

나는 지금도 죽음과 파멸의 전쟁을 부르는 해군기지 건설을 막아내고 생명수가 솟아오르는 거룩한 바위 구럼비를 평화의 공원으로 만들기 위해 투쟁하고 있다. 그리고 평화의 사람들이 구름 덮인 한라산을 넘어, 해무 자욱한 수평선을 건너 강정마을 구럼비로 모여드는 꿈을 꾼다. 강정마을은 전쟁과 폭력의 악령과 싸우며 평화를 배우는 학교다. 나는 이 아름다운 투쟁 속에서 젊은이들이 하나님 나라의 일꾼으로 성장하는 것을 지켜보고 있다. 이곳에서 평화를 배운 젊은이들은 언젠가 세계 여러 나라의 분쟁과 갈등 현장에서 평화의 씨를 뿌리는 일꾼들이 될 것이다. 강정은 그런 평화의 씨앗을 기르는 모판이기도 하다.

무엇보다도 세계의 여러 섬들이 강정과 같이 군사기지화 되어 가고 있다. 미국과 중국, 일본 같은 강대국들은 태평양과 인도양, 남지나해 등지의 많은 섬들을 군사기지로 만들려고 한다. 섬은 고립되어 있는 데다가 주민들이 적어서 정당한 권리를 빼앗거나 강제로 쫓아내도 국제사회의 큰 주목을 받지 못하기 때문이다.* 이런 사정으로 미국은 하와이의 오하우 섬을 빼앗아 진주만에 군사기지를 건설했다. 이어 오키나와와 인도양의 디에고가르시아에서도 주민들을 강제로 쫓아내고 군사기지를 세웠다. 미국은 이 섬들을 발판으로 삼아 월남전과 걸프전, 아프가니스탄 전쟁을 일으켰고 그 결과 수백만이 넘는 민간인 사망자를 냈다. 지금도 중국은 유전 개발권을 확보하기 위해, 국가도 국적도 없이 평화롭게 살고 있던 남사군도에 군사기지를 세우려 한다. 일본도 중국에 맞서 센가쿠 열도의 지배권을 확보하기 위해 대만의 접경에 놓인 요나구니라는 작은 섬에 자위대 군사기지를 세우려고 한다. 제주도에서 벌어지는 해군기지 반대 투쟁은 같은 고통을 겪고 있는 하와이와 오키나와, 요나구니, 디에고가르시아와 같은 섬들과 연대해 나가야 한다. 오대양에 흩어져 있는 숱한 섬들을 지켜 내기 위한 국제적인 비무장 평화의 섬 운동을 전개해야 한다. 다시는 군인들이 갑자기 들이닥쳐 평화롭게 살아가던 섬 주민들의 땅을 빼앗고 강제로 내쫓는 비극이 벌어져서는 안 된다. 진주만을 상기하자. 그 아름다운 하와이의 진주만에 더 이상 진주조개는 없다. 해군기지에서 흘러나오는 중금속으로 오염된 지 오래다. 바다는 인류가 공유하는 '푸른 대륙'이다. 누구도 이 바다와 오아시스 같은 섬들을 전쟁을 위해 사용해서는 안 된다.

---

* 데이비드 바인 교수는 미국이 이러한 이유로 2차 세계대전 직후부터 섬 군사기지화 전략(Strategic Island Concept)을 전개하고 있다고 주장한다. David Vine, *Island of Shame*(New Jersey: Princeton University Press, 2009), p. 4 참고

대한민국 정부와 해군은 국익을 위해서 강정마을 하나쯤은 희생시킬 수 있다고 믿고 있는 듯하다. 조국으로부터 배신당한 강정마을 주민들은 고통스럽다. 강정마을이 겪고 있는 이 고통의 진정한 의미는 과연 무엇일까? 국가의 폭력과 강요에 못 이겨 원치 않는 해군기지를 출산하기 위한 고통일까? 나는 그렇지 않을 것이라고 생각한다. 나는 강정이 평화의 항구로 거듭나면서 겪는 산고라고 믿고 있다. 강정은 전쟁 없는 세상을 꿈꾸는 평화의 전사들을 길러낼 것이다. 그리고 이들을 위험에 처한 온 세계의 섬들에 파견하는 축복된 마을이 될 것이다. 구럼비는 온 세계의 시민들이 찾아와 평화를 노래하고, 춤추고, 배우고, 가르치는 생명과 평화의 공원이 되리라. 꿈꾸자! 삼천 년을 이어온 역사적인 평화의 꿈을. 노예 없는 세상, 양반과 상놈이 없는 세상, 여자와 남자가 평등한 세상, 피부 빛깔에 의해 차별받지 않는 세상도 한때는 허망한 꿈이었다. 나는 언젠가는 전쟁 없는 세상, 군인 없는 세상도 실현될 것이라고 믿고 있다. 세상에 불가능한 꿈은 없다. 단지 그 꿈을 함께 품는 이가 부족할 뿐이다. 더 많은 사람들이 이 꿈을 품을수록 이 꿈의 실현은 더 가까워질 것이다.

　평화의 꿈은 평화를 향한 항해에 오르는 결단을 내리기 전까지는 단지 꿈일 뿐이다. 배에 올라타라. 깊고 푸른 평화의 바다를 항해하자! 기억하라. 위험한 곳일수록 아름답다는 사실을. 평화를 위한 삶은 우리의 현실이 얼마나 지옥 같은지를 처절하게 경험하게 한다. 동시에 그 안에 놓여 있는 우리 인생은 얼마나 아름답고 찬란한 것인지를 깨닫게 해준다. 이 세상에서 가장 아름다운 항해로 여러분을 초대한다.

2012년 9월 7일
한라산 자락 검은오름 아래 제주교도소에서
송강호

강정아, 너는 이 땅에서 가장 작은 고을이지만
너에게서 온 나라의 평화가 시작되리라.

_강우일 주교의 설교 중에서

부록
제주도와 강정마을
2002 - 2012. 9.

2002
- 유네스코, 제주도를 생물권보전지역으로 지정
- 해양수산부, 2차 연안항 항만기본계획안 발표(제주 화순항에 해군 부두 건설 계획 반영)
- 제주도, 화순항 해군 부두 건설 공식 반대 입장 표명
- 민주당 노무현 대통령 후보, 화순항 문제에 대해 전면 재검토 약속

2004
- 제주도, 강정마을 해안을 절대보전지역으로 지정(제주도특별법 제292조 제3항)

2005
- 정부, 제주도를 "세계 평화의 섬"으로 지정
- 김태환 제주도지사, 화순항 해군기지 건설과 관련된 논의 중단 선언

2006
- 방위산업청, 해군기지 건설 강행 방침 발표
- 천주교 제주교구, 해군기지 반대 선언
- 유네스코, 제주도를 세계자연유산으로 등재

2007. 2.
- 한명숙 총리, 국회에서 "제주 해군기지 군사 전략상 필요" 답변

2007. 4.
- 강정마을 회장 윤태정, 마을 임시 총회 소집(87명 참석), 박수로 해군기지 유치 결정(향촌의 자치규약에서 정한 공고일, 수시 방송 의무, 공고 내용 위반)

2007. 5.
- 해군기지 사업단, 사업 설명회 개최 및 여론조사
- 김태환 제주도지사, 해군기지 강정마을 유치 결정 발표
- 강정 해군기지 유치 반대 대책위원회 출범

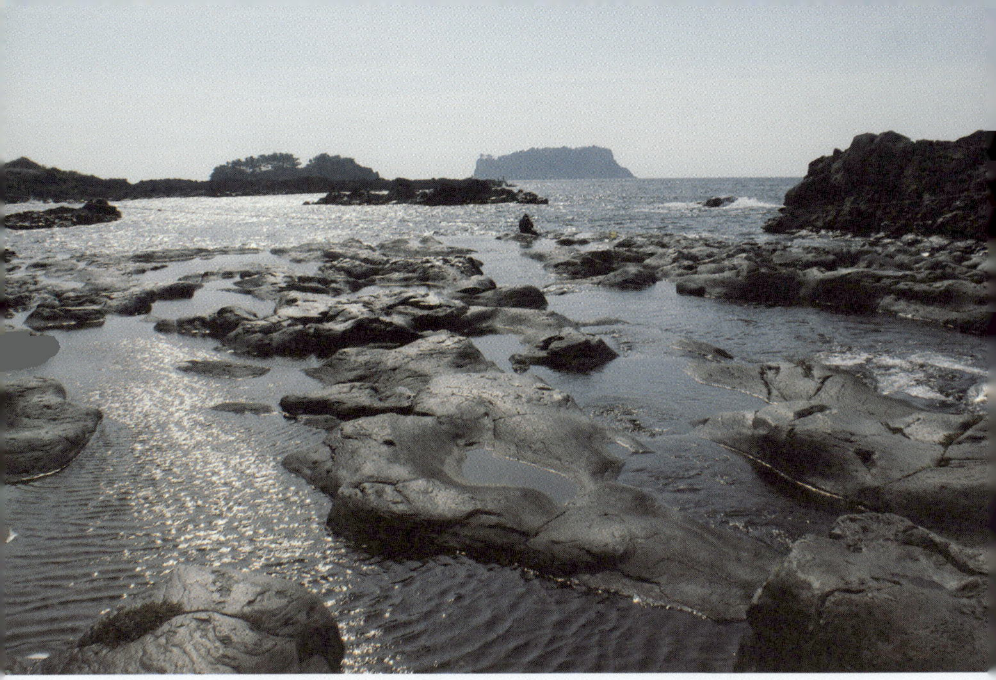

달래산천

구럼비 바위는 너비가 1.2킬로미터에 이르는 거대한 통바위로, 깊은 바위 밑에서 용천수가 솟아나와 지친 이들의 샘물이 되고 해수와 만나 천연 풀장과도 같은 멋진 물웅덩이를 만들어 낸다.

ⓒ진달래산천

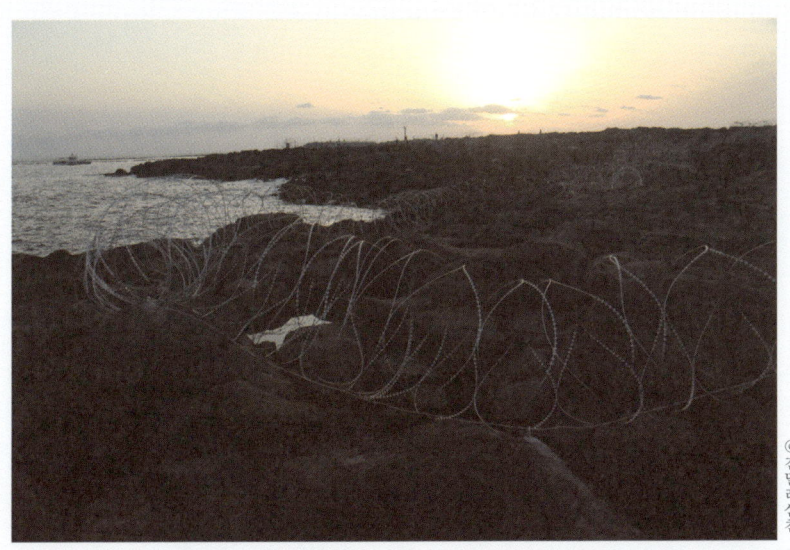

구럼비는 멸종 위기 보호 대상 야생 동식물인 붉은발말똥게, 맹꽁이, 제주새뱅이 등 뭇생명을 품고 있는 생명의 바위이기도 하다. 그러나 지금 철조망에 갇혀 파괴되고 있다.

2007. 6.
- 제주도의회, 해군기지 사업단의 여론조사 조작 의론 제기

2007. 7.
- 강정마을 비상 주민총회, 해군기지 유치를 결의한 윤태정 마을회장 해임, 강동균 마을회장 선출
- 제주 환경운동 연합, 강정포구 인근에서 멸종 위기종 '기수갈고둥' 대량 발견
- 제주도 감사위원회, 행정 절차 무시, 지방자치법령 위반 등 해군기지 도민 여론조사 감사 결과 발표

2007. 8.
- 강정마을, 주민투표 실시. 유권자 1,050명 중 725명 참가(69퍼센트), 해군기지 건설 반대 680명(94퍼센트)으로 해군기지 건설 반대 결정

2008. 9.
- 총리실, 해군기지 공식 명칭을 '민·군 복합형 관광 미항'으로 확정

2008. 11.
- 녹색연합, 강정마을 해안에서 멸종 위기종 관찰(금빛나팔돌산호, 나팔고둥 등 발견)

2009. 1.
- 국방부, 국방·군사 시설 사업 실시 계획 승인 고시
- 강정마을, 국방·군사 시설 사업 실시 계획 승인 처분 무효 확인 소송 제기

2009. 2.
- 해군기지 찬성·반대측 포함 공동 생태계 조사, 법적 보호수종인 분홍맨드라미와 해송 등 연산호 군락 발견

2009. 7.
- 국방부, 항만공사 적격 업체로 삼성물산과 대림건설 컨소시엄 선정

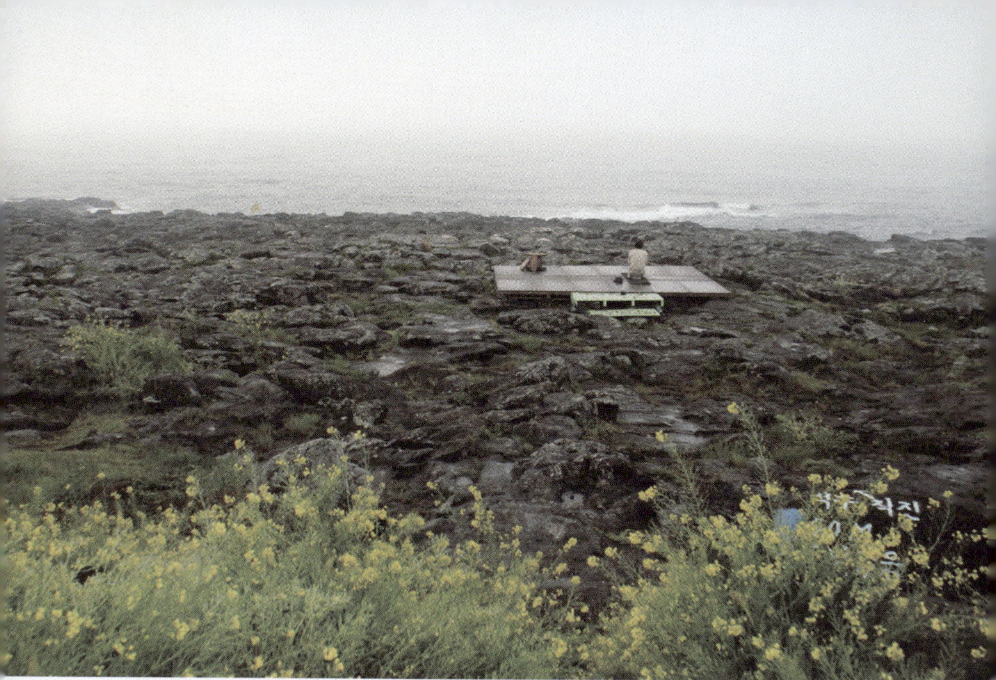

달래산천

"구럼비에는 꼭 무대처럼 생긴 장소가 하나 있는데, 새벽에 와서 보면 그 텅 빈 공간에서 무릎 꿇고 기도하고 싶은 마음이 생기는 곳이에요. 거기에서 처음 그리스도인이 되었을 때처럼 목놓아 기도해야겠다는 마음이 절로 우러났지요."

© 진달래산천

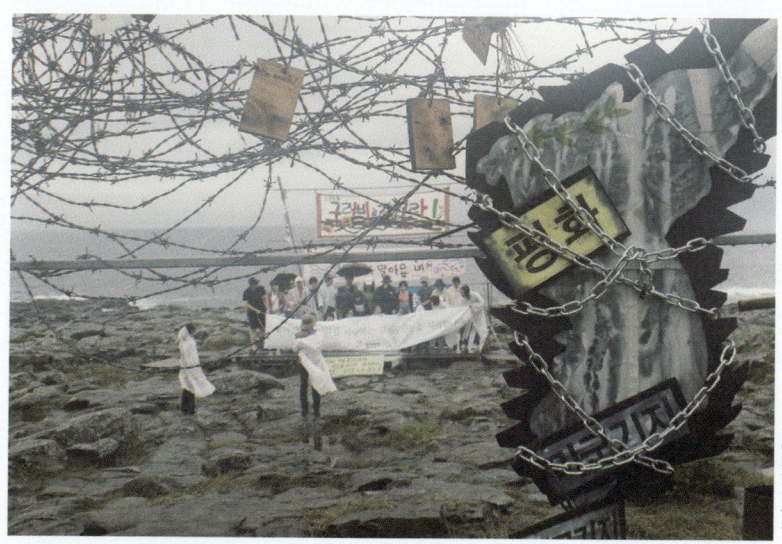

"강정아, 너는 이 땅에서 가장 작은 고을이지만 너에게서 온 나라의 평화가 시작되리라."

2009. 12.
- 제주도의회, 절대보전지역 변경(해제) 날치기 처리

2010. 1.
- 강정마을, '절대보전지역 변경 처분 효력 정지 및 무효 확인 등 소송' 제기

2010. 3.
- 서울행정법원, 국방·군사 시설 계획 변경 승인 처분에 대해 적법 판시

2010. 4.
- 강정마을, '공유수면 매립 승인 처분 소송' 제기

2010. 11.
- 우근민 제주도지사, 강정 해군기지 건설 사업 수용 공식화

2010. 12.
- 국회, 제주 해군기지 건설 예산을 포함한 2011년도 예산 날치기 통과
- 제주지방법원, '절대보전지역 변경 처분 효력 정지 및 무효 확인 등 소송'에서 주민들에게 '원고 자격이 없다'는 이유로 각하 결정

2011. 2.
- 해군기지 공사 시작

2011. 3.
- 제주도의회, 절대보전지역 변경(해제) 취소 의결

2011. 4.
- 영화감독 양윤모, 업무 방해 등의 혐의로 구속 수감, 옥중에서 단식 투쟁 전개

강정마을, 그 투쟁의 땅 삼덕 삼거리에 마을 사람들이 내건 깃발에는 송강호의 초상이 그려져 있다.

2011. 5.
- 제주지방법원, '절대보전지역 해제'에 대한 2차 항소심 기각
- 제주지방법원, '옥외 집회 시위 금지 효력 정지 가처분 신청' 기각
- 야5당(민주당·민주노동당·창조한국당·진보신당·국민참여당) 진상조사단, 제주 방문 및 항의

2011. 6.
- 양윤모, 1심에서 집행유예로 석방

2011. 7.
- "제1차 제주 해군기지 백지화 전국 시민 행동" 발족
- 노암 촘스키 교수 등 미국의 진보 지식인 25명, 제주 해군기지 반대 성명 발표
- 경찰, 강동균 강정마을 회장, 고권일 해군기지 반대 대책 위원장, 송강호 박사 연행
- "강정 사수·해군기지 건설 백지화를 위한 시민 평화 행동" 개최(대한문)
- 강정마을 일대에 경찰 대규모 인력 배치
- 강정마을, 해군기지 사업소 정문 앞에서 촛불 집회 시작
- 천주교 사제들, 강정마을 주민들과 함께 천막 농성 시작
- 현애자 민주노동당 제주도당 위원장과 주민들 쇠사슬 투쟁 시작
- 송강호·고권일, 집행유예로 석방

2011. 8.
- 강정마을, '해군기지 건설 반대 문화제' 개최
- "해군기지 백지화를 위한 강정 평화대회" 개최.(600여 명 참가)
- 크레인 불법 반입. 이를 항의하던 강동균 강정마을 회장, 김동원을 업무 방해로 체포
- 경찰, 대규모 병력을 강정마을에 추가 투입(경찰 버스 16대, 물대포 3대, 진압 장치 차량 10여 대 등이 '육지 경찰' 600여 명과 함께 진입)
- CNN, 강정마을 특집 보도 방영
- 평택 대추리·매향리·오키나와 주민 연합, '평화를 위한 반전 연대 강정 선언문' 발표

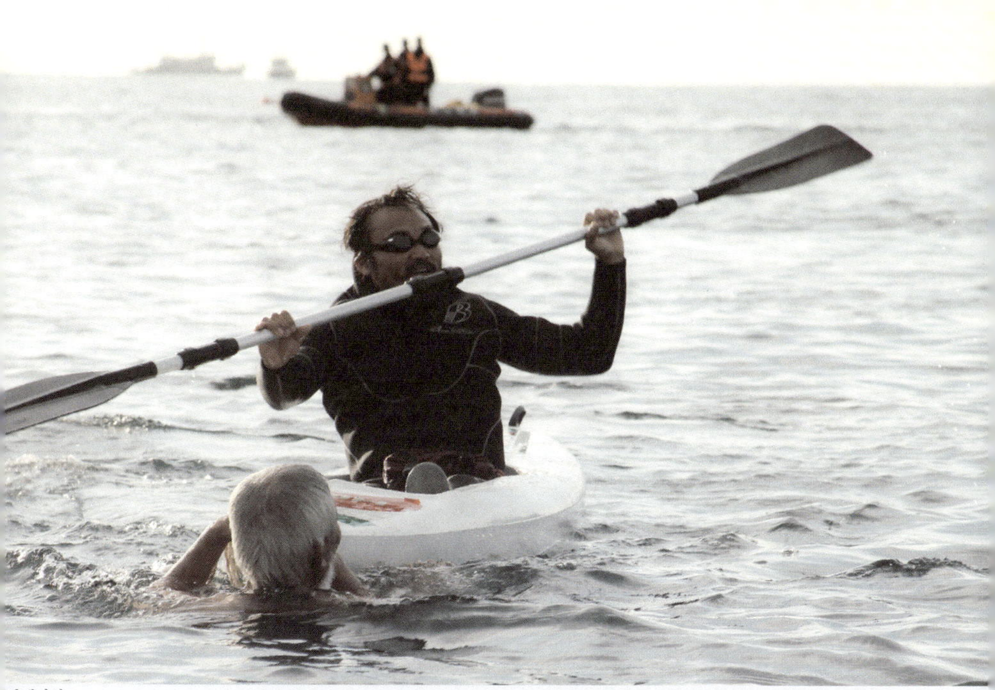

ⓒ달래산천

그가 품은 굳센 희망은, 망망대해 바닷바람을 헤치며 정의를 향해 나아간다. 그는 언제나 '항해자'였다.

ⓒ진달래산천

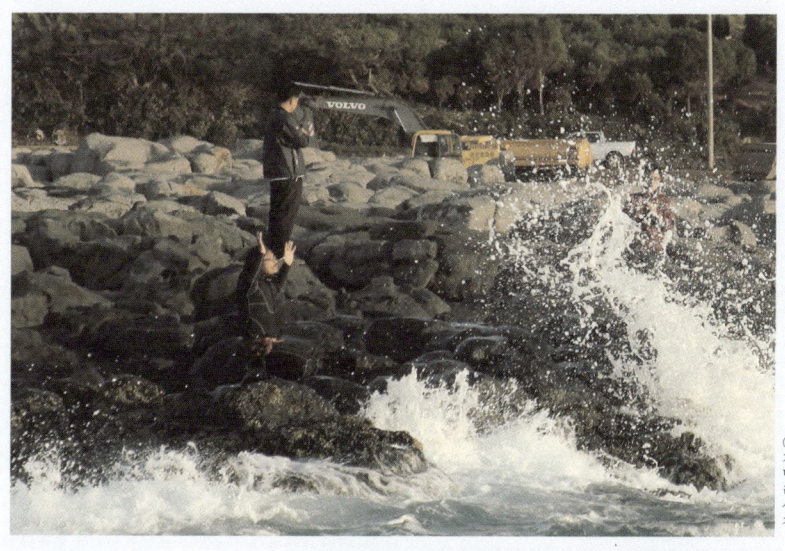

송강호는 아침마다 구럼비에서 목놓아 기도했다. 펜스와 철조망으로 길이 막힌 후에는 카약을 타고, 그마저 여의치 않으면 수영을 해서라도 기어코 구럼비에 들어가 기도하였다. '전사' 송강호는 무엇보다 기도의 사람이었다.

2011. 9.
- 경찰, 강정마을에 공권력 투입
- 해군, 중덕 해안 및 구럼비 진입로 봉쇄
- KBS "추적 60분", '경제논리에 빼앗긴 평화(제주 해군기지의 문제점)' 방영
- 강정 평화 콘서트 개최, 1차 평화 비행기·평화 버스 운행
- 김찬 신임 문화재청장, "강정마을 유적 보존 방안 마련할 것"
- 민주당, 강정마을 해군기지 부지 내 문화재 정밀 조사 추진 결의
- 한국기독교교회협의회(KNCC), 강정마을 기도회 개최
- '제주 해군기지 갈등 해결을 위한 비상시국회의' 375인 평화 선언, "생명 평화의 섬 제주도는 온전히 지켜져야 한다."

2011. 10.
- 송강호에 대한 해군의 수중 폭행 사건 발생(뉴스타파 보도)
- 구럼비 시험 발파에 항의하는 10여 명의 주민·활동가 연행
- 제주 평화의 섬 실현을 위한 천주교 연대 출범

2011. 11.
- 천주교 정의사제구현단, 제주 해군기지 예산 삭감 국회 앞 단식 농성
- 강정마을, '제주 해군기지 건설 저지를 위한 전국대책회의, 제주 해군기지 예산 삭감' 의견서 국회 제출

2011. 12.
- 국회, 해군기지 설계 오류, 2011년 불용 예산 등을 이유로 2012년 해군기지 건설 예산안 96퍼센트 삭감

2012. 1.
- 문화재청, 강정 해군기지 문화재 발굴 조사에 대한 전문가 검토회의 주재(황평우 한국문화유산정책연구소장, "공사 전면 중단하고 전면적 조사 들어가야 한다.")

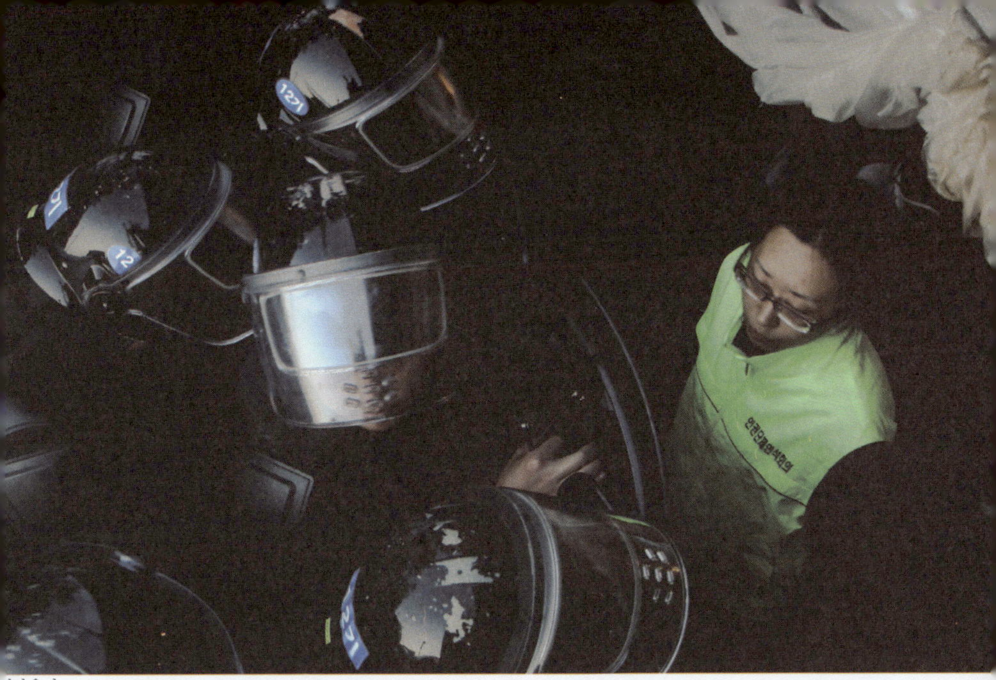

ⓒ정다우리

주민들은 너무 순진했다. 그들의 낙관은 정당했으나, 오래 지나지 않아 허물어지기 시작했다. 상대는 치밀했고, 영악했고, 게다가 권력을 장악하고 있었다. 그들에겐 너무 버거운 상대였다.

ⓒ 정다우리

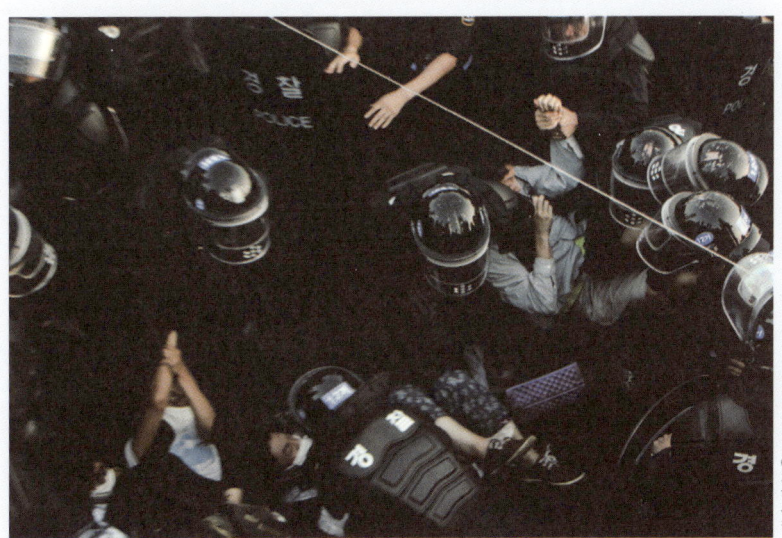

정의와 평화의 가치는 오롯이 하나님 나라의 표상이다. 정의가 꺾이고 평화가 스러질 때, 그는 더욱 그곳을 떠날 수 없었다.

2012. 2.
- 총리실 '민·군 복합형 관광 미항 크루즈 선박 입출항 기술검증위원회', '해군의 설계로는 15만 톤급 크루즈 선박이 자유롭게 드나들기 어렵다'고 인정
- 국방부, '현재의 설계로도 크루즈 선박 운영이 가능한 상태로 설계의 근본적 오류가 있다거나 입, 출항이 불가능한 것이 아니다'며 검증위의 보고서를 반박함
- 양윤모, 재구속 수감 및 단식 재개
- 국정원, 국가보안법 위반 혐의로 평통사 압수 수색
- 이명박 대통령, 취임 4주년 특별 기자회견에서 '제주 해군기지 건설 강행' 발표
- 브루스 커밍스 석좌교수(미국 시카고대), "타이완을 두고 중미 전쟁이 일어난다면 미국은 제주 해군기지를 그 전쟁에 동원할 것"(오마이뉴스 인터뷰)

2012. 3.
- 해군(삼성물산), 구럼비 본발파 강행
- 제주도의회, 민·군복합항 관련 긴급 현안 보고회 개최
- 제주도의회 행자위, 해군기지 현장 방문했으나 해군 측 거절로 무산
- 제주도, 공유수면매립 공사 정지에 따른 청문회 개최
- 제주도의회, 검증회의 불참 및 공사 강행에 따른 입장 발표
- 강정마을, 검증회의 불참 및 공사 중단 요구
- 양윤모, 42일간의 단식 투쟁, 보석으로 석방

2012. 4.
- 총리실, 시뮬레이션 결과 검증회의 주관
- 송강호, 업무 방해 혐의로 체포, 2차 구속

2012. 5.
- 제주지법, 공유수면매립 승인 처분 취소 소송(1심) 원고 청구 기각

2012. 6.
- 쌍용자동차·구럼비(강정)·용산참사 해결을 위한 '스카이 공동 행동'(SKY ACT) 출범 및 시국회의 개최

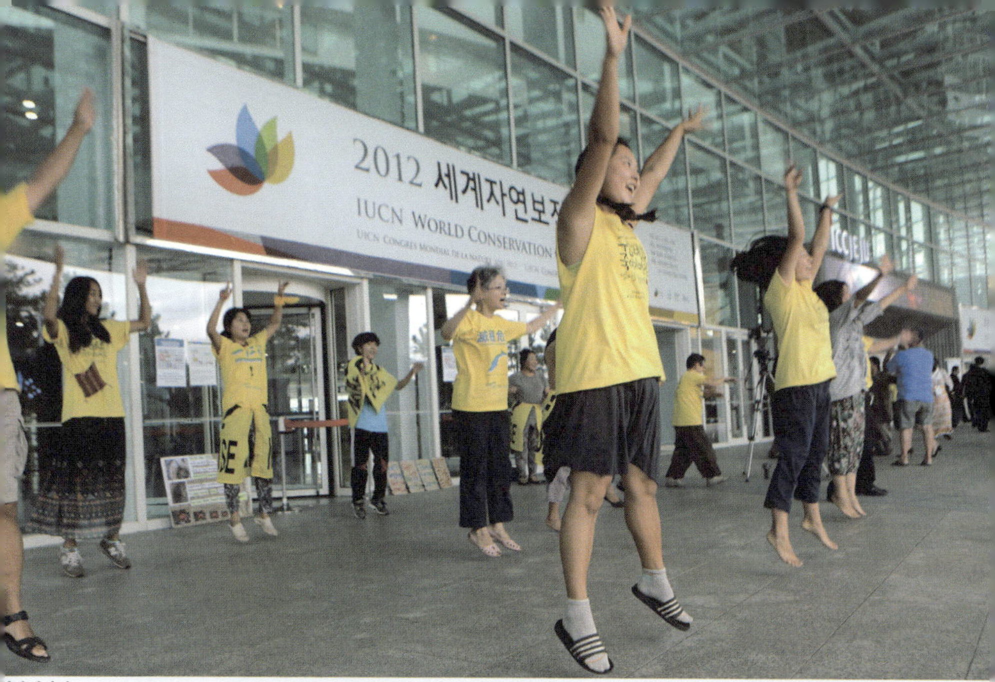

진달래산천

제주에서 열린 세계자연보전총회(WCC)에 강정 주민들이 신청한 홍보 부스는 허락되지 않았고, 해군기지 건설에 비판적 입장을 가진 해외 활동가들은 입국을 거절당했고, 해군기지 관련 결의안은 정부 측 단체들의 반대로 부결되었다. 그러나 강정 주민들은 평화를 노래하며 희망을 포기하지 않았다.

ⓒ진달래산천

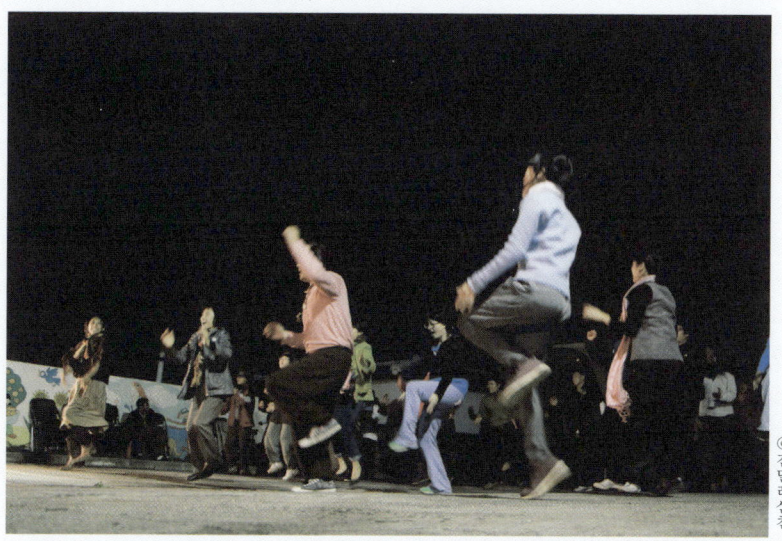

강정의 반대 투쟁은 축제의 춤사위로 이어진다. 희망은 절망 따위에 좌절하지 않는다.

2012. 7.
- 대법원, 국방·군사 시설 사업 실시 계획 승인 처분 적법 판결
- SKY ACT, 전국 공동 순회 투쟁
- 송강호 석방을 촉구하는 한국교회 대표자 일동, '송강호 전도사 석방을 위한 기도회' 개최
- 송강호 구속 100일째를 맞아 강정마을과 전국 각지에서 그의 석방을 촉구하는 1인 시위 진행
- 강정 평화대행진(7. 31-8. 4, 7,000여 명 참가)

2012. 8.
- 국회, 제주 해군기지 타당성에 대한 토론회 개최
- 제13차 제주 해군기지 백지화 전국 시민 행동 개최

2012. 9.
- 전세계 녹색당 연합(Global & Asia Pacific Greens Network), '제주 해군기지 반대 국제 행동 주간'(9. 2-9. 9) 주관
- 세계자연보전연맹(IUCN), 세계자연보전총회(WCC)를 제주도에서 개최
- 장하나 의원(민주통합당), 국회 대정부 질문에서 제주 해군기지가 미국 핵 항공모함의 입항 기준을 적용해 건설하고 있다고 주장
- 제주법원, 선박 안전 검사 없이 제주 해군기지 건설 케이슨 운반용 반잠수식 바지선을 운행한 혐의로 기소된 선장과 시공사인 삼성물산에 벌금 선고
- 국제연합(UN) 인권이사회, 대한한국 정부에 강정마을 폭력사태에 대한 해명 권고
- 송강호, 9월 28일, 체포 수감 181일 만에 직권 보석으로 석방되다.

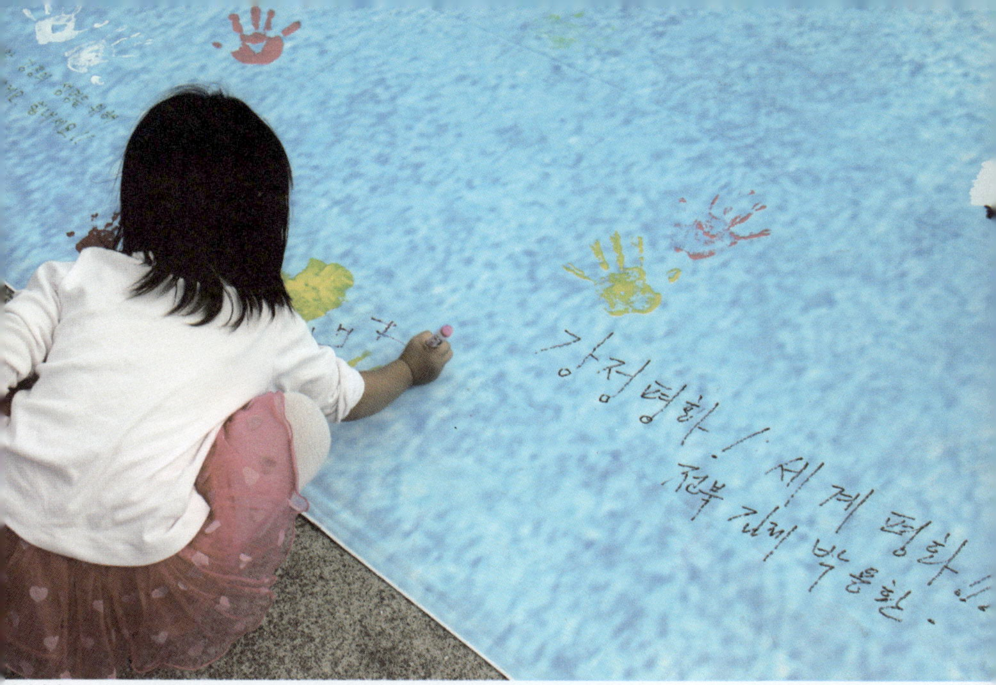

달래산천

"불의에 맞서 정의를 실천하고 폭력에 맞서 평화를 실현하기 위해 하나님께 용기를 달라고 비는 기도는 진실합니다."

© 진달래산천

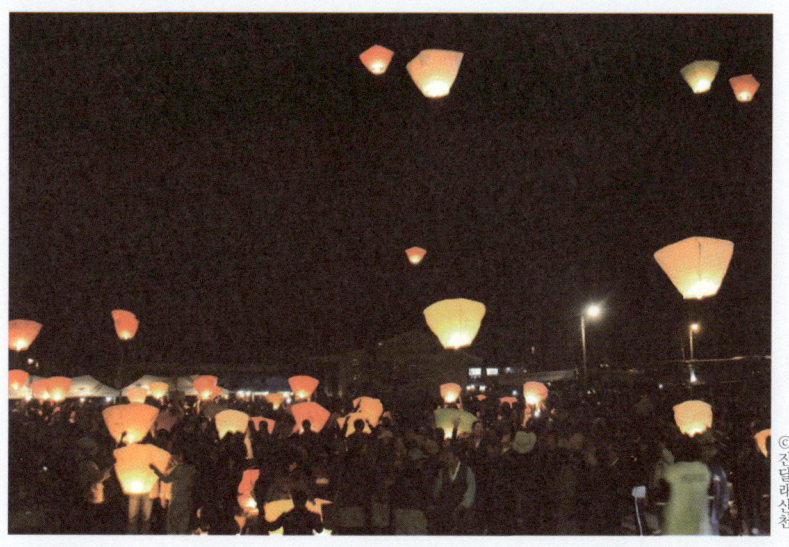

세상의 모든 정의는 연대하여 평화를 이루어낸다.

평화, 그 아득한 희망을 걷다

초판 발행_ 2012년 10월 16일
초판 2쇄_ 2012년 10월 23일

지은이_ 송강호
구성_ 김진형
펴낸이_ 신현기

발행처_ 한국기독학생회출판부
등록번호_ 제313-2001-198호(1978.6.1)
주소_ 121-838 서울 마포구 서교동 352-18
대표 전화_ (02)337-2257 팩스_ (02)337-2258
영업 전화_ (02)338-2282 팩스_ 080-915-1515
직영서점 산책_ (02)3141-5321
홈페이지_ http://www.ivp.co.kr 이메일_ ivp@ivp.co.kr
ISBN 978-89-328-1275-5

ⓒ 송강호 2012

책값은 뒤표지에 있습니다.
무단 전재와 복제를 금합니다.